바람꽃

인사동문화

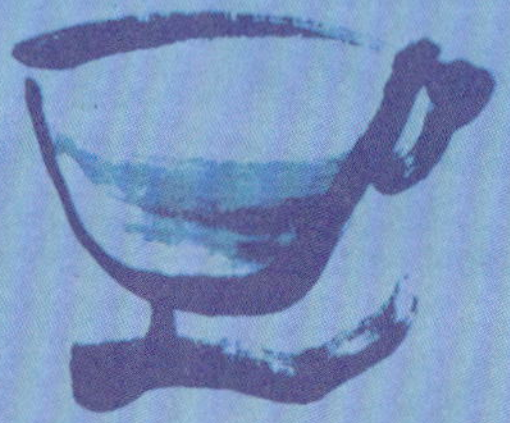

이미 살아있음은 멋이다. 백과 흑이 꽈리를 틀고

마주하는 텅 빈 진실이다.

하나 되려고 선을 찾다가 있는 그대로 되어버린 아름다움이다.

본문 중에서

바람꽃이 피기까지…

지난 세기말 21세기가 도래하면 천지가 개벽될 듯이 전 세계가 떠들썩한 적이 있었다. 그런 세기의 전환점에서 네가 너를 떠난다면 이라는 제목으로 시화집을 출간한 적이 있는데 그 뒤로 6년이라는 세월이 흘렀다.

당초에는 자연의 신비로움과 일상 속에 숨겨진 해학과 지혜로운 인생들을 단상으로 엮어서 평상비문이라는 제목으로 출간하려 하였으나 전체를 일관되게 흐르는 주제는 머물지 않고 흐르는 바람과 삶 속에서 피어나는 꽃이었다.

바람은 막힘없이 흐르는 자유로움을 의미하고 꽃은 향기로운 삶의 완성을 의미하기에 서로의 뜻이 잘 부합하여 바람꽃이라는 제목으로 출간하기에 이르렀다. 이제 바람은 세월 속에 떨어지는 꽃잎을 허공에 흩뿌리고 한 송이 꽃으로 부활하는 꿈을 꾼다.

바람꽃이 피기까지 그리움은 이십사 계절을 붉게 물들이고 이어지는 숨결은 가슴에서 가슴으로 피어났다.

바람꽃이 세상에 빛을 볼 수 있었던 것은 삶이라는 시련 속에서도 행운이 함께 할 수 있었기에 가능한 것이었다.

바람꽃과 인연을 맺은 여러 독자에게도 삶에 희망과 행운이 함께 하기를...

2007년 정월 한강변에서

차례

제 1 편 자연의 신비

제 2 편 일상의 해학

Kang jaewon
2006

1편 자연의 신비

태초에 이르러

어둠이 열리고

빛이 밝으니

물은 흐르고

생명은 시작되어

나를 찾아서

1. 태초에 이르러

허공 속에 바람일어 꽃이 피니 바람꽃이라.

바람은 꽃이 되고 꽃은 바람이 되어

어디에나 있고 어디에도 머물지 않는 바람꽃이라.

설야, 서울에서

태초의 꿈

태초에 어둠이 갈라지고
천지간에 아무런 이름도 없더라.
주인도 없고 객도 없이
침묵 속에 한줄기 바람일어
생명이 잉태하니
눈을 뜨고 비늘입고
고독을 부르며 헤매더라.
삶의 뿌리 찾아
흙을 잊지 못하고 잊지 못해
물고기 한 마리
화석이 되고 나무가 되어
어느 장인의 손에서
목어가 탄생하니
지금도 태초의 꿈속을 헤매더라.

창조

도자기를 만드는 도공과 도자기 사이에 시간의 극을 취하니 도공이 도자기이고 도자기가 도공이라. 순간의 존재가 창조주와 피조물 사이를 오고간다.

인도 경전에 아그니라는 불의 신이 있다. 아그니는 한 몸에 머리가 둘 달린 모습을 하고 두개의 머리는 각각 불을 주관하는 신이자 스스로 불이 되어 타오르는 상징적인 의미를 지닌다.

창조란 무에서 존재가 급작스럽게 출현하는 것이 아니고 무를 배경으로 순간마다 펼쳐지는 존재의 변화이다. 순간마다 펼쳐지는 존재의 변화는 영속적인 시간을 배경으로 하지 않는다.

백오십억 광년 떨어진 은하의 모습을 보면서 이미 백오십억 년 전에 사라지고 없는 모습을 현재 모습인 냥 보는 것은 순간의 존재가 영속적인 시간의 틀에서 벗어나 있음을 의미한다.

순간의 존재마다 제각기 다른 시간 속에서 살고 있기에 영속적이고 절대적인 시간은 의미가 없다. 모든 존재는 불의 신 아그니처럼 두개의 속성을 함께 지니고 있다.

하나와 둘

일본인은 차별 그대로 평등이요
형상과 실제는 불일불이라 하고
한국인은 하나로 시작해서 하나로 돌아가니
순간순간이 곧 끝이다 하고
중국인은 도라 하면 이미 도가 아니요
하는바 없이 아니함이 없다 하고
인도인은 마음이 사라지면 일체가 사라지니
있는 그대로라 한다.
태어남은 하나요 태어나니 둘이라
육신으로 태어나서 마음이 일어나고
마음과 함께 세상이 열리니
거울 속의 눈동자는 거울 밖을 바라보고
삶 속에서 꿈꾸고 꿈속에서 살며
없다가 있고 있다가 없는 듯이
하나가 둘이 되고 둘이 하나가 되었다

우연

태초에서 지금까지 무수하게 일어난 사건들은 인과응보에 따른 결과이다. 사건과 사건으로 연결되는 무수한 과정에는 수많은 경우의 수가 내재하는데 오직 한 가지 경우를 선택하여 진행되어온 것이 바로 지금 여기 피어있는 바람꽃이다.

지금의 바람꽃은 무수한 가능성 중의 하나일 뿐이며 사건과 사건이 진행되는 과정 속에서 어느 한가지만이라도 바뀌었다면 지금의 결과는 전혀 달라진다.

필연적으로 생각되는 바람꽃은 지극히 우연적으로 피어난 것이며 지금 무수한 바람꽃들이 수많은 우연을 통하여 매트리스 구조처럼 현상계에 펼쳐져 있다. 사건이 진행되는 과정에서 한 가지라도 바뀌었다면 바람꽃의 춤사위는 전혀 다른 양상으로 나타났을 것이며 그로 인하여 지금 함께 공존하고 있는 주변의 결과들도 바뀌었으리라.

하나가 바뀌면 그와 관련된 사건만 영향을 주는 것이 아니라 주변의 사건에도 영향을 미친다. 하나의 변화로 야기되는 파급효과는 가히 나비의 날갯짓이 수많은 과정에 연쇄반응을 일으켜 폭풍을 일으킬 수 있으니 예측불허이다.

그날 그 시간 고속도로를 달려가지 않았다면 교통사고를 당하지 않았을 터인데 직장동료가 권하지 않았다면 그런 일을 하지도 않았을 것이고 그 일로 인하여 지금과 같은 결과를 초래하지는 않았을 터인데 하고 생각하는 일들이 주위에 얼마든지 많다.

부모형제 친구 처자와의 관계도 본인의 의지에 앞서 우연한 인연에 의한 것이다. 주변의 일들을 돌이켜 보면 자신의 의지에 따른 것도 있지만 본인의 의지와 상관없는 우연한 인연들이 더 많다.

세상만사 모두가 우연한 인연 속에서 제한된 선택만이 가능하다. 어디서 태어났느냐 에서부터 우연한 인연은 시작되고 사람들은 무수하게 부딪치는 인연 속에서 그때마다 자신들의 의지로 제한적인 선택을 하며 살아가고 있다.

음과 양, 수묵담채화

2. 어둠이 열리고

바람꽃은 없는 것이다. 바람꽃은 단지 스쳐 가는 바람일 뿐이다. 태양 아래 춤추는 바람일 뿐이다. 눈동자에 반사되는 투명한 빛이다. 허공 속에 걸쳐진 성긴 그물처럼 영혼에 걸쳐진 그림자이다.

빛은 기적같이 왔다가 소리 없이 사라진다. 사라진 흔적은 어둠 속에 침묵하고 바람은 흩날리는 꽃이 되어 순간에서 순간으로 피어난다. 바람과 바람이 빛 속에서 조우하며 순간처럼 왔다가 순간처럼 사라진다. 모든 것은 빛과 같이 왔다가 빛과 같이 사라진다. 빛은 실체이며 창조의 표현이다.

빛은 어디서 오는가? 빛은 소유하지도 않고 소유되지도 않는다. 오직 스스로를 보여줄 뿐이다. 어둠을 가르고 허공에 오색을 흩뿌린다. 푸른 하늘과 타오르는 노을, 쪽빛 바다 모두가 빛의 노래이다. 빛은 존재의 열정이며 아무것도 필요로 하지 않는 침묵이다.

빛의 강렬함은 사막을 태우고 빛의 부드러움은 풀잎과 친구 되어 속삭인다. 빛은 수소원자보다도 십조 배나 가볍고, 민첩하기는 현상계에서 가장 빠른 초속 삼십만 킬로미터에 이르고 그 정열은 백만 전자볼트에 이르기까지 변화롭다.

빛은 손에 만져지지 않으면서 모든 것을 보여주고 없는 듯이 있으면서 모든 것을 나타낸다. 빛은 존재의 근원이다. 바람꽃의 춤사위는 빛이 연출하는 특이점에서 외줄타기 하듯이 펼쳐진다.

빛에 의존하는 바람꽃은 우주에서 벌어지는 수많은 현상 중에서 찰나적이고 일시적이다. 빛의 속도에 이르면 엄청난 속도에너지로 물질의 파동은 격렬해지고 그로 인해 물질이 압축되어 줄어들고 무게가 증가하는 기현상이 벌어진다. 크기와 거리가 바뀌고 시간의 흐름도 변한다. 크기, 무게, 시간이 변하면서 시공간 개념은 별천지로 뒤바뀐다.
지금 이순간은 극히 찰나적인 의미만을 담고 있을 뿐이다. 바람꽃이 피어 있는 세상은 우주에서 벌어지고 있는 수많은 경우 중에서 하나일 뿐이다. 현상계에 펼쳐진 바람꽃은 일시적인 약속일뿐이며 맹신의 대상이 되어서는 안 된다.
우주에서 벌어지는 수많은 현상을 전부 이해할 수 없기에 존재의 문을 열어놓고 자연의 흐름에 맡기는 것이 외로운 개체로부터 전체와 하나가 될 수 있는 유일한 길이다.
바람꽃은 극미한 크기의 전자에서부터 백오십억 광년 그 너머의 광대한 우주에 이르기까지 무궁무진한 현상계를 오로지 빛에 의존하여 피어있을 뿐이다. 확신과 신념과 맹신은 그 자체에서 끝나야 한다. 외줄타기 삶을 살아가며 착오의 늪으로 추락하지 않기 위해서 흘러오는 자연의 소리에 텅 빈 가슴을 열어 놓아야 한다.
전부란 무엇인가? 완전이란 무엇인가? 바람꽃은 전부를 추구하지도 완전을 추구하지도 않는다. 자연과 하나 되는 소박함 속에서 순간의 자유를 사랑할 뿐이다.

빛과 어둠 1

우주의 배경은 어둠과 침묵이다. 시간이 정지된 공간, 무극에서 찰나적으로 나타난 것이 빛이다. 빛은 존재의 근원이며 빛으로부터 태어난 것이 생명이다. 빛은 잠깐 보였다 사라지는 찰나적인 것이지만 빛으로부터 태어난 생명은 자식이 어미의 품을 그리듯 빛을 그리워한다. 여기에서 생명을 지닌 바람꽃의 운명은 시작된다.

바람꽃은 피고 지는 운명에 처해 있다. 그러기에 회귀와 진화라는 모순 속에서 바람꽃은 항상 고독하다. 왜 바람꽃은 고독한가? 그것은 빛에 대한 그리움 때문이다. 그리움은 아직 이뤄지지 않는 꿈이며 이뤄진 것은 이미 그리움이 아니다. 그래서 바람꽃은 영원히 고독한 존재이다.

빛은 찰나적이고 위태롭고 불완전하지만 한편으로 존재를 표현하고 꿈을 실현하는 오색의 마법을 지닌다. 바람꽃은 빛의 마법에 걸려 있다. 마법에서 풀려날 수 있는 길은 빛으로부터의 해방뿐이다. 그러나 빛은 바람꽃을 놓아주지 않는다.

빛의 현란한 마법 속에서 피보라치는 심장과 꿈틀거리는 성기, 괴성과 주술, 정글의 변태와 오색의 살육, 미칠 듯한 고통과 반전되는 희열, 가진 것의 허망함과 텅 빈 웃음, 창백한 사상과 종교, 도취된 예술과 오감, 뇌리를 파고드는 치열한 삶의 파편들이 운명의 끝자락 어둠의 홀에 빨려 빛을 떠나게 될 때에 비로소 고요한 침묵의 바다가 영원을 맞이한다.

빛이 사라진 어둠에는 순수 무구한 허공 즉 고요한 침묵만이 거한다. 침묵은 찰나의 빛도 바람꽃의 춤사위도 존재의 모든 모순도 품어 안은 체 우주의 무한한 배경이 되어 어둠 속에 여울진다.

빛과 어둠 2

바람꽃은 어둠으로부터 덕을 배우고 빛으로부터 생존의 법칙을 깨우친다. 사원의 기둥이 적절한 간격을 두고 서있듯이 이성에 대한 사랑도 그와 같은 것임을 깨닫는다. 육신을 위해 재물이 필요하고 먹이사냥에 동료와 협동하지만 언젠가는 사냥한 먹이를 놓고 동료와 싸워야 한다는 것도 깨닫는다.

재물의 많고 적음은 허허실실하여 유혹에 빠지기 쉽고 얻은 재물은 다시 잃을 수 있음을 깨닫는다. 그리고 흐르는 세월과 함께 늙고 추해지기 쉽다는 것도 깨닫는다.

일상의 체험을 통하여 바람꽃은 철이 들고 이성과 재물과 동료와 늙음이라는 일상의 덫에서 놓여날 때쯤이면 오후 창가에는 어느덧 햇빛이 기울고 있음을 깨닫는다. 진정한 휴식이 어둠과 함께 시작되는 것이다.

바람꽃은 빛의 자손이다. 해바라기가 빛을 바라보듯이 바람꽃은 빛을 그리워한다. 빛의 근원은 어둠이다. 어둠은 아무것도 내보이지 않고 빛을 통하여 스스로를 보여준다. 어둠은 빛의 배경이 되어 모든 개체를 품어 안고 전체로써 침묵한다.

촛불을 밝히는 것은 마음이 일어남이며 마음의 불꽃이 꺼졌을 때 비로소 어둠 속에 적멸의 순간이 찾아온다. 어둠은 시작과 끝을 연결하는 마법을 지닌다.

모든 빛이 사라진 어둠 속에서 마침은 비롯으로 탄생한다. 그러나 빛에 익숙해진 사람들은 어둠에 휩싸이는 것이 두렵고 외경스러울 뿐이다.

빛도 바람꽃도 찰나일 뿐 우주는 언제나 어둠과 함께 한다. 어둠은 존재와 무를 포함하는 침묵의 장이다. 바람꽃은 빛의 자손이며 빛은 어둠의 자손이다. 빛 속에서 펼쳐지는 모든 현상계의 모순은 어둠으로 극복된다. 빛이 반짝였다가 사라지기까지, 생명이 탄생하여 죽음에 이르기까지 어둠은 만물의 어머니와도 같이 모든 것을 하나로 품어 안는다. 빛이 연출하는 모든 현상계는 우주의 모태인 어둠의 춤사위에 따라 일어났다 사라지는 한편의 춤이다. 바람꽃은 어둠이 베풀어준 한 자락 춤사위이다. 빛은 오고 가도 어둠은 그대로다.

빛과 어둠 3

물질의 근본을 이루고 있는 원자를 보면 원자핵의 주위를 돌고 있는 전자구름과 원자핵사이에 있는 대부분의 공간은 텅 빈 허공이다. 물질의 근본을 이루고 있는 원자의 모습이 이와 같고 광대한 우주를 구성하고 있는 물질의 밀도마저 극히 희박하니 현상계는 텅 빈 허공과 같다.
그러나 현상계에 존재하는 모든 물질은 엄연히 자신의 모습을 드러내며 존재한다. 텅 빈 허공이 어찌 형상을 표현할 수 있는가?
원자핵 내에 작용하는 힘, 원자핵과 전자 간에 작용하는 힘, 원자와 원자 간에 작용하는 힘, 우주상의 별들 간에 작용하는 힘을 강력, 약력, 전자기력, 중력으로 구분한다.
미세한 원자에서 우주를 이루는 별들에 이르기까지 이러한 여러 힘들이 복합적으로 작용하면서 허공 속에서 물질을 구성하고 물질 간에 조화를 이루고 있다. 현상계의 모든 존재는 물질이기에 앞서 물질과 물질

간에 작용하는 힘의 균형이자 우주에 충만한 기운이다. 존재에서 시간이 갖는 의미는 어떠한가? 빛의 속도를 우주상의 임계속도로 본다. 물질 간에 작용하는 중력의 속도가 빛의 속도보다 빠를지라도 시각적으로 인지되는 현상계에서는 빛의 속도가 절대적인 의미를 지닌다.

일백억 광년 떨어져 있는 별이 폭발하여 사라지는 장관을 지금 여기에서 관측하였다면 사실상 그 별은 일백억 광년 전에 이미 사라지고 없는 별이며 지금 폭발하는 모습은 일백억 광년 전의 유령을 보는 것에 불과하다. 더욱 재미있는 것은 일백억 광년보다 더 멀리 떨어져 있는 곳에서 바라본다면 그 별은 미래에 폭발할 것이라는 사실이 확실함에도 불구하고 아직 폭발하지 않은 모습으로 보인다. 이미 죽은 자가 아직 살아있는 것이다.

이와 같이 가시적인 현상계는 이미 사라지고 없는 빛과 지금 보이는 빛과 아직 보이지 않는 빛의 흐름 속에서 동시적으로 존재한다. 현상계의 모든 존재는 어둠 속에 깜박이는 빛이 되어 과거와 현재와 미래를 하나로 관통하며 흐른다.

보는 위치에 따라서 이미 사라지고 없는 별이 아직 태어나지도 않은 별이 되어 현상계에 공존하고 있으니 존재와 무, 생과 사의 구별은 깜박이는 빛의 마술에 걸린 격이다.

현상계는 허공 속에서 기의 흐름을 이루며 빛을 통해 잠시 모습을 보였다가 어둠 속으로 사라진다. 천지만물은 밤하늘에 펼쳐지는 하루 밤의 불꽃놀이와 같다. 아름다운 모습에 탄성이 터져 나오고 축제의 열기가 무르익으면 바람꽃의 춤사위는 어둠과 함께 사라진다.

하나가 둘인 것은 하나이기 위함이다. 어둠이 빛이 된 것은 빛을 통해 어둠을 보여주기 위함이며 바람불어 꽃이 피는 것은 허공을 보여 주기 위함이다.

허공

우주는 텅 빈 허공이다. 티끌처럼 흩어져 있는 희박한 물질들을 제외하면 텅 빈 허공이다.
허공에 떠다니는 희박한 물질들이 모여 별을 이루고 그것들이 모여 밤하늘의 은하수를 이루고 있다. 물질들은 대부분 가벼운 수소원자로 구성되어 있으나 그것들이 백오십억 광년의 세월을 지내오며 뭉치고 흩어지고 하는 과정에서 별들이 탄생과 죽음을 반복하고 있다.
지금까지 발견된 은하 중 가장 먼 은하는 지구로부터 백삼십이억 광년이 떨어져 있으며 그 이상의 우주는 알 길이 없다. 우주상에 흩어져 있는 수많은 별들 중에서 가장 가까이 있는 별이 태양이며 태양계의 중력과 복사열의 절묘한 조화 속에 지구가 생명체를 보존하고 있다.
지구는 사십억 년을 진화하면서 밀림을 형성하고 다양한 동식물을 잉태하고 먹여 살려 왔다. 지구상의 다양한 생명체가 생명을 진화시켜올 수 있었던 것은 태양빛 덕분이며 그러한 태양은 수많은 은하계 중의 작은 별 일뿐이다.
수많은 별들과 우주의 장관을 연출하는 거대한 은하수의 회오리도 우주의 광활한 공간에 비하면 허허로울 뿐이다. 장대한 별들의 흐름은 마치 안개와 같이 흩어지는 찰나의 꿈과 같고 별들을 구성하고 있는 수소원자 마저 실상은 우주를 닮아서 텅 빈 허공이다.
모든 만물은 성긴 거미줄로 엮어진 허공과 같다. 그 속에서 바람꽃은 수많은 모습을 띠며 유령처럼 존재하고 그것들은 서로의 약속인양 정해진 틀 속에서 질서를 노래한다. 질서의 파괴는 또 다른 질서를 창조하고 작은 것이 큰 것이 되고 뜨거운 것이 차갑게 된다. 바람은 꽃이 되고 꽃은 바람이 되어 존재의 흐름을 보여준다.

합일

우주의 행방은 물질과 반물질, 팽창과 수축 속에서 예측불허이다. 무한한 허공 속에 희박하게 흩어진 물질들이 대칭과 비대칭을 이루며 혼돈과 조화를 반복한다.

엔트로피의 무한한 증가로 우주가 열적 사망에 이를지, 특이점에서 엔트로피가 마이너스 방향으로 반전될지 속단할 수 없으니 물리학적 지식이란 티끌과 같다.

시공간의 경계가 확대될수록 잃고 얻음의 차이는 점점 적어져서 마침내 같아진다. 이에 반하여 시공간의 경계가 지엽적으로 좁아질수록 현상의 차이가 뚜렷해지고 모든 사물이 분명한 차이를 드러낸다.

바람꽃이 피어나는 경계에서 모든 분별이 정점에 이른다. 바람꽃이 피어나는 경계를 초월하면 현상계의 구별은 없어지고 우주적 차원에서 티끌의 흩어짐과 모임이 대칭을 이루거나 비대칭의 파격을 이룰 뿐이다.

바람꽃이 피어나는 한계를 넘어 들어가 미시적인 세계에 이르면 거기에는 세포와 세포를 이루는 분자와 분자를 구성하는 원자와 원자를 구성하는 양성자, 전자 등으로 입자 아니면 파동의 단순성에 이르게 된다.

거시적인 우주에서의 대칭과 비대칭의 단순성이나 미시적인 세계에서의 입자나 파동의 단순성에 비한다면 바람꽃이 피어나는 현상계는 다양하고 변화무상하여 순간과 지속이 혼돈하고, 있음과 없음이 뚜렷해지는 상대세계의 덫에 걸린 격이다.
상대세계란 빛에 의한 차별의 세계이며 거기에서 생존하는 생명체들은 주위와의 끊임없는 관계 속에서 살고 있다. 주변 환경에 따라 색깔을 변화시키는 카멜레온과 카멜레온처럼 언행이 민첩한 사람들의 처세술은 상대세계의 진면목을 보여준다.
모든 생명체는 자기 자신의 틀 속에서 생각하고 주변 상황에 대처한다. 주변이란 나 이외의 너를 의미하며 우리라는 것은 군거 집단에서 편의상 나를 확장한 것일 뿐이고 그들이라고 하는 것도 편의상 너를 확장한 것일 뿐이며 상대세계에서의 기본 법칙은 나에 대한 너, 너에 대한 나인 것이다.
바람꽃은 상대세계에서 한 판의 춤사위를 펼치고 그대로 허공 속으로 사라진다.

합일, 수묵담채화

침묵 1

살아도 살았다 하지 말고
죽어도 죽었다 하지 마라

세월이 흘러가도
생사는 언제나 한결같으니

있어도 있다 하지 말고
없어도 없다 하지 마라

허공이 텅 비어도
바람꽃은 피고 지나니

침묵 2

세월이 오겠느냐 마음이 오는 게지
오는바 없는 하늘과 땅

세월이 가겠느냐 마음이 가는 게지
가는바 없는 바람소리 물소리

오가는 마음에 해뜨고 달저도
지평선 너머에 침묵은 그대로

침묵 3

티끌 속에 도시는 혼돈하고
하늘은 그대로 높기만 하다.

뒤엉킨 영혼들이
분별없는 붓으로 화폭을 이루고

함부로 쏟아놓은 언어가
순간을 영원처럼 담고 있다.

타오르는 번민으로
세상이 하얗게 재가 되어도

임은 아무 말씀하지 않고
있는 그대로 보여주고 있다.

침묵 4

배고픔과
거짓 배고픔과
헛된 배고픔이
삶을 휩쓸 때도

기다림도 없이
구할 것도 없이
침묵은 언제나
그대로였다.

침묵 5

우리의 만남은
바람과 꽃이 되고

우리의 헤어짐은
침묵과 하나 되니

빛은 오고 가도
어둠은 그대로다

침묵 6

물살 도는 계곡
산허리 감싸 안아 휘돌고

이끼 먹은 물소리
어우르는 청자 빛이 시렵다.

꿈꾸는 달빛
구름에 젖가슴 풀어 헤치고

고개 넘어 숲 사이
흐르는 바람소리 적막하다.

3. 빛이 밝으니

검은 눈동자 동굴 속으로 물결 따라 흐르는 어둠이여! 적막을 헤치고 솟아나는 여명이여!
천지간에 산자를 죽었다 하지 말라. 외로움이 태고적 전설이 되어 가슴에서 산산이 부서질지라도. 슬픈 눈물이 마를 때까지 기다리지 마라. 가버린 세월을 주름진 거죽으로 드러내지 마라.
동굴 속으로 빈 배는 물결 따라 흐르고 바람꽃의 울음소리 여명의 불기운이 되었나니. 이제 적막은 불타오르고 하늘은 비로소 열렸다.
어둠의 물결을 밀어내고 바람꽃의 춤사위는 천지가 되었다. 외로움이 거죽을 벗고 금빛 찬란한 꿈을 꾼다. 동굴 속으로 밀려드는 밀어가 물결되어 흐른다.
바람꽃은 너의 거울. 밀어의 속삭임이 동굴 속에서 동굴 속으로 해를 잉태하고 산고의 날은 밝아 바람꽃의 울음소리 여명을 깨웠나니. 외로움은 어둠의 장막을 헤치고 이제 태양은 밝아온다.
빛은 침묵 속에 바람꽃의 비밀을 가르친다. 바람꽃은 생명의 기운을 받고 자라난 태양의 자손이다. 태양빛을 모유처럼 받아 마시며 자라난 생명이다. 태양은 생명을 창조하는 힘이요, 정열의 상징이다.
태양은 지칠 줄 모르는 에너지로 장엄한 빛을 온 누리에 뿌리며 생명을 주도하고 있다. 태양은 자비로운 빛을 천지에 뿌린다. 태양은 아무것도 구하지 않고 베풀 뿐이다. 베푸는 손길은 넓고 풍요롭다. 구할 것이 없으니 있는 그대로 넉넉하고 온유하다.
태양은 둥근 모습처럼 항상 부드러운 미소를 머금고 있다. 그 미소는 소리 없는 가운데 찬란하게 빛난다. 태양은 만물에 질서를 부여한다. 변함없는 모습으로 찾아와서 이른 새벽을 깨우고 찬란한 빛으로 온 누리를 감싸 안다가 석양녘에는 조용히 물러서서 어둠 속에 휴식한다. 태양은 새벽을 가르는 나룻배에 금빛 물결을 인도하고 이름 모를 산사에 핀 바람꽃에게 다가가 부드러운 입김으로 꽃잎을 흔들며 속삭인다.

태양은 오묘한 빛으로 아름다운 예술을 창조한다. 영롱한 이슬 속에 온 세계를 무지개 빛으로 담아내고 드높은 창공에 투명함을 보여주며 바다에 잠기는 금빛 물결로 바람꽃의 가슴을 한없이 어루만져 준다.

태양은 무한한 정열로 모든 생명에 기운을 불어넣고 끈임 없는 사랑의 빛을 베풀어준다. 태양은 지상의 절대자이면서 동시에 밤하늘에 빛나는 수많은 별들 중에 하나의 작은 별이 되어 무한한 영광이 한낮 허공 속의 티끌임을 보여준다.

태양 1

무소유의 자유를 즐기며 불필요한 부를 찾지 않았던 디오게네스는 알렉산더 왕에게 햇볕을 가리지 말라고 한다. 햇볕은 무소유의 삶에서 조차 생명을 유지하는데 최소한의 필수적인 것이다.
태양은 밤하늘에 은하수를 이루는 수천억 개의 별들 중 하나의 작은 별에 불과하지만 왜 태양은 이토록 소중한 것인가?
태양은 스스로를 태우면서 지구상의 생명이 자랄 수 있도록 엄청난 에너지를 공급하고 있다. 뿐만 아니라 밤하늘에 떠있는 수많은 별들 중에 지구로부터 가장 가까운 별이라 하여도 태양보다 무려 삼십만 배나 멀리 떨어져 있기 때문에 수많은 별들 중에서 실질적으로 태양만이 유일하게 지구에 영향을 줄 수 있는 별이다. 다른 별을 선택할 여지없이 태양은 지구상의 생존에 소중한 존재이다.

해의 춤, 수묵담채화

태양 2

우주의 탄생이 시작된 이래 대칭에서 비대칭으로 에너지에서 물질로 변화되는 과정을 거치면서 백오십억 광년을 넘어서는 광활한 우주의 허공 속으로 희박하게 흩어져 우주를 구성하고 있는 티끌들의 대부분은 수소와 헬륨으로 구성되어 있다.

이들이 서로 모이고 흩어지며 아름다운 밤하늘의 별자리를 수놓고 있다. 그 중에 작은 별이 태양이며, 태양은 수십억 년 동안 수소의 핵융합으로 엄청난 에너지를 태양계에 품어내고 있다. 앞으로도 수십억 년 동안 태양은 타오를 것이다. 거기에 비하면 생명의 보금자리인 지구는 태양에 의존해서 살아가야 하는 조그만 섬에 불과하다.

생명이 살아가는데 필요한 지구상의 물질은 한정되어 있다. 생명체가 배출한 폐기물은 끊임없는 순환 과정을 거치며 재활용된다. 순환과정이 지속적으로 이뤄지려면 지구의 자정작용이 감당할 수 있는 속도 범위내로 물질의 순환이 이뤄져야 하고 그 속도를 넘어서면 지구가 황폐화된다.

사람들이 순환의 속도를 유지한다고 하여도 버려진 물질을 유용한 물질로 재순환시키기 위해서는 에너지가 필요하다. 물질은 순환을 통하여 지속적으로 재사용할 수 있지만 순환에 필요한 에너지는 재사용할 수 없을 뿐만 아니라 그 양이 제한적이다.

지구 내부에 저장되어 있는 석탄, 석유, 천연가스 등이 언젠가 바닥날 것이며 지표면의 식물들을 태워서 열을 얻어야 하는 상황이 도래할 수도 있다. 그러나 식물의 성장도 지구상에 쏟아지는 태양열의 극히 일부만 흡수하고 자라나므로 그 조차 무한정한 에너지원이 될 수 없다. 우주에 희박하게 흩어져 있는 근본물질 중에서 수소는 우주 질량과 우주 분자의 대부분을 차지하고 수소가 산소와 결합하는 과정에서 불이 되고 그 결과로 생성된 것이 물이며, 박테리아에서 인체에 이르기까지 모든 생명체가 물로 구성되어 있다는 것은 생명체의 입장에서 볼 때 우연한 사실이 아니다.

수소야말로 불과 물을 동시에 가져다주는 것으로 향후 생존의 수수께끼를 풀 수 있는 열쇠이다.

바닷물은 지구상에서 풍부한 자원이며 태양열은 지속적으로 지구상에 복사되고 있으므로 바닷물과 태양빛을 이용하여 에너지를 생산하는 것은 인류 생존에 새로운 전기가 될 수 있다.

이제 인류는 바람꽃이 피고 지는 진화의 언덕에서 태양빛으로 직접 물을 분해하여 효과적으로 수소를 얻을 수 있는 마법의 돌을 찾게 되리라.

여름

여름이 익어가는 오후
물오른 해바라기 꿈을 꾸고

잠자리 하늘 눈 빙그르르
쇠스랑 발가락 얼굴 부비다

까치발 아이 그림자에
부러진 가지 끝 날개가 쫑긋

투명한 거미줄에 잡힐세라
텅 빈 하늘 날쌔게 차오른다.

산촌

산촌에 햇살이 살고 있다.

수목 첩첩한 계곡에 바람이 살고
항아리 물속에 한조각 구름이 산다.

토담집 옛 주인 소식은 없고
단지마다 하늘 담아 놓고서
한없는 기다림에 가슴 저민다.

도리깨 물레 다듬잇돌 절구
빛바랜 가구마다 길고긴 숨결 배어나고
군불 짓는 장작더미 제 몸 살러 너울대면
타오르는 꿈들이 스러질 듯 피어난다.

길섶에 핀 꽃들은
파란 하늘 온 몸에 적시고도 모자라서
사라진 시간 꺾어다가
얼굴 붉게 물들이고
하늘 한번 보고 향기 토하고
햇살 한번 품고 춤을 춘다.

어제도 내일도 항상 거기에
모두 다 떠났어도
햇살을 품고서 하늘을 본다.

기다림, 수묵담채화

불새

해는 언제나 시작이다

봉봉이 불을 먹고
광야가 열려오면

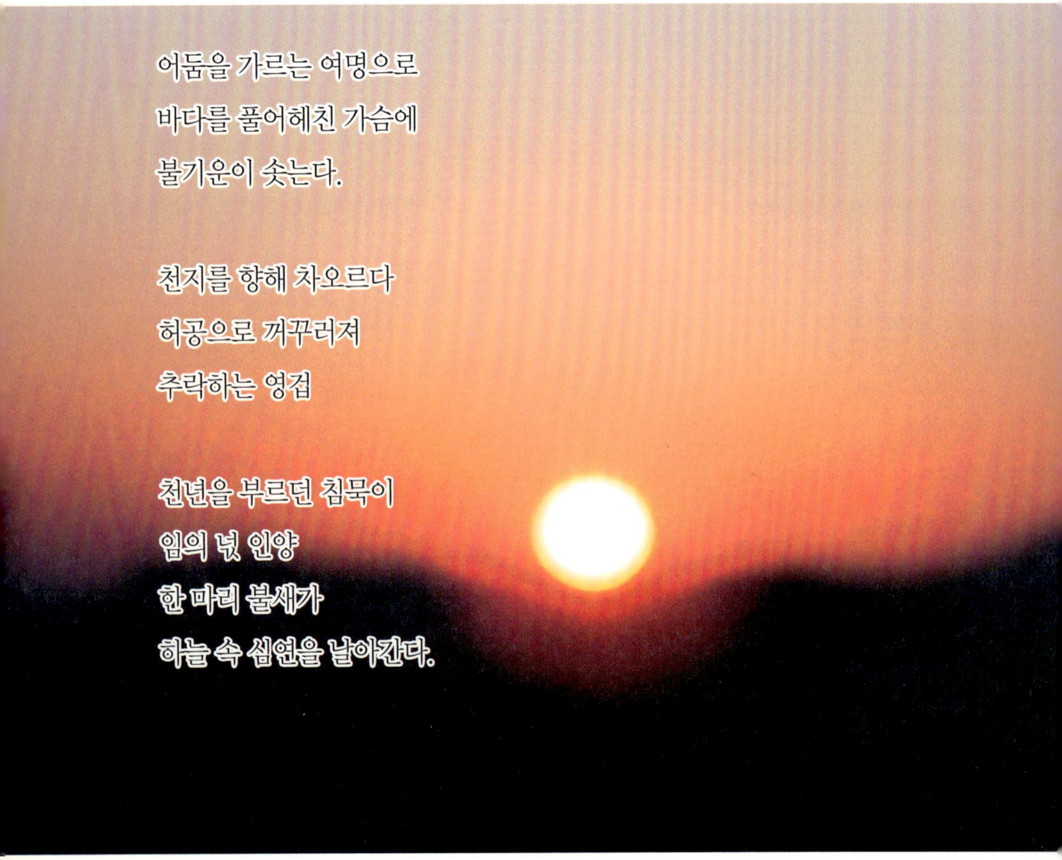

어둠을 가르는 여명으로
바다를 풀어헤친 가슴에
불기운이 솟는다.

천지를 향해 차오르다
허공으로 꺼꾸러져
추락하는 영겁

천년을 부르던 침묵이
임의 넋 인양
한 마리 불새가
하늘 속 심연을 날아간다.

아침 해, 서울에서

4. 물은 흐르고

물의 기원은 우주 생성의 기원만큼이나 신비하다. 우주의 광활한 시공 속에 희박하게 흩어져 있는 물질들, 그 중에는 태양계를 포함하여 수많은 별들과 그들이 모여 연출하는 은하계의 회오리 장관을 볼 수 있는데 그러한 별들을 구성하는 대부분의 물질들은 수소로 되어 있다.

수소는 가벼우면서도 높은 에너지를 품고 있다. 수소가 산소와 결합하여 생성된 것이 생명의 근원인 물이다. 우주상에 흩어져 있는 기초 물질인 수소가 산화하여 생성된 것이 물이고, 그러한 생성의 비밀 속에 이미 물은 산소와 함께 생명의 근원임을 암시한다.

생명의 기원은 물에서 시작되었고 지구 대부분을 뒤덮고 있는 바다에서부터 생물의 종이 시작하여 육지로 점차 생명을 진화시켜 왔다. 고대 문명의 대부분은 강을 끼고 발달하였고 바람꽃의 역사는 물과 연관되어 흥망성쇠를 거듭하여 왔다.

아프리카 어느 부족의 경우 비가 오는 것을 신이 온다고 할 정도로 물을 귀히 여겼고, 많은 민족들이 물을 얻기 위해 전쟁을 하였다. 사람들은 장엄하게 흐르는 폭포소리에서 음악적 영감을 얻기도 하고, 호숫가에 비친 그림자를 보며 신비한 환상을 꿈꾸기도 하고, 강물에 다리를 놓아 삶과 죽음을 연결하는 상징으로 삼기도 하였다.

대부분 물로 구성되어 있는 동식물은 말할 것도 없고 박테리아 같은 미세한 생물들조차도 물이 없으면 살 수 없다. 물은 생명의 근원으로 생명체가 갖추어야 할 여러 가지 덕목을 가르쳐준다.

물은 수많은 물질들을 용해시키고 씻어 내리는 포용력이 있는가 하면 모난 바위에 부딪치면 돌아갈 줄 아는 유연성도 있다. 노도와 같이 엄청난 힘이 있는가 하면 잔잔한 호수의 물결처럼 고요함도 간직하고 있다. 물은 한없이 깊고 투명하며 계곡을 굽이굽이 돌아 흐르는 맑은 물소리는 청아하기 그지없다. 위에서 아래로 흐르는 질서 정연함은 자연의 순리를 일깨워 주고, 한번 가면 다시 돌아오지 않는 흐름은 삶의 의미를 되새겨준다.

구름이 비가 되어 강물을 이루고 강물이 흘러서 대양에 이르면 바닷물은 태양 빛에 증발하여 구름이 되고 드넓은 하늘을 떠돌다가 옛날 숲 속 골짜기로 다시 찾아와 반가운 비가 되어 흐르니 물은 끊임 없이 흐르는 생명의 순환을 보여 준다.

파도, 수묵담채화

물과 생명

하늘에서 구름이 모여 비가 되고 빗물이 지상에 떨어져 강물을 이루고 강물이 흘러서 바다를 이룬다.
드넓은 바다에 내리쬐는 태양빛을 받아 바닷물은 다시 증발하여 구름이 되니 지구상의 물은 순환을 계속한다. 물의 순환은 바람꽃의 순환을 의미한다. 계곡의 물이 흐르지 않고 웅덩이에 고이면 물은 썩게 되고 생명의 힘은 멈추게 된다.
바람꽃은 자연의 흐름 속에서 피어난다. 흐르는 물, 흐르는 바람 속에서 바람꽃이 피어난다. 지구상의 모든 생명이 물을 필요로 하는 것은 우연한 일이 아니다.
물은 흐르는 것이요 흐름이 곧 생명이다. 생명에는 흐름이 있어야 한다. 흐름은 삶과 죽음을 이어주고 생명을 살아있게 해준다.
생명 그것은 자유를 의미한다. 생명이 있는 한 자유가 필요하고 자유 속에서 바람꽃이 피어난다. 소유하지 않는 사랑으로 자유하는 삶 속에 바람꽃의 신비가 담겨 있다.

물결이 남기고 간 갯벌,
변산반도에서

바람꽃 1

바람은 꿈을 꾸네
꽃이 되는 꿈을 꾸네

바람은 꽃이 되고
꽃은 바람이 되어

꽃은 꿈을 꾸네
바람이 되는 꿈을 꾸네

허공에 바람 일고
바람에 꽃이 피네

바람꽃 2

너는 바람꽃이어라
오가는 계절 속에
말없이 피어난 바람꽃이어라

텅 빈 울림 속에
햇살을 보듬고
숨결이 되어버린 바람꽃이어라

너는 바람꽃이어라
하늘 향해 얼굴을 묻고
그리움이 되어버린 바람꽃이어라

침묵의 기도 속에
생명을 꿈꾸다가
신비가 되어버린 바람꽃이어라

설화

서리 얼은 가지마다 백화라
투명한 돌기 사이로
맴도는 청자 물빛
찬바람이 시리웁다.

한 자락 휘감긴 하늘에
쩡그렁 울고 간 가슴
태고적 숨결이 허공에 배이고
고목으로 껍질 벗은 아릿함이
어름을 쪼갠다.

휘늘어진 진주알 송이마다
인고의 마디 손가락을 헤이고
복받친 환희가 서러워 엉킨 자국
어찌 매화만이 꽃이랴!

순백의 세월이 천년을 머금고
살풀이하던 먼 산자락에
시절을 잊어버린 설화의 꿈이
바람결에 스치운다.

비

비가 온다. 온종일 주르륵 주르륵 비가 온다. 도르륵 도르륵 처마에서 떨어지는 빗소리에 하늘은 마냥 침묵한다.
바람꽃은 물을 머금고 꿈을 꾼다. 투명한 물방울 속에서 생명은 푸르게 잉태한다.
지나가는 빗줄기가 잠시 지속된다. 물에 젖은 바람꽃이 조용하게 하늘을 맞이한다. 비가 걷히면 사람들은 쏟아지는 햇볕아래 다시 거리를 메우며 지나가리라.
비오는 것을 신이 오는 것이라 하여 소중하게 여기듯이 생명의 바람꽃은 물과 함께 피어난다. 마른 땅이 푸르게 되살아나고 나뭇가지 잎새마다 삶의 잔치가 시작된다.
바람꽃은 물의 덕스러움 속에서 환희하며 춤을 춘다.

5. 생명은 시작되어

어느 날 갑자기 허공 속에 바람꽃이 피어나서 한바탕 춤사위를 펼치다가 홀연히 사라졌다. 생명의 오고감이 흐르는 바람꽃과 같다.

진화 1

백오십억 년 전 우주가 빅뱅 이래 방출된 빛의 에너지는 광자라는 입자의 형태로 지금까지도 우주복사의 흔적을 남기고 있다.
빅뱅 이래 우주는 초고온의 상태에서 점차 팽창해 나가는 가운데 우주의 평균온도가 섭씨 마이너스 이백칠십도로 냉각되고 이러한 온도에서 우주공간에는 입방 센티미터 당 사백 개의 광자가 분포된다. 이 숫자는 지구상에 사백 개의 모래알이 흩어져 있는 것보다도 적은 밀도이니 가히 우주는 텅 빈 허공이다.
텅 빔 속에서도 쿼크라는 소립자가 모여 원자핵을 이루고 원자핵은 전자기력으로 전자를 끌어당겨 원자를 이루고 기본 원자 단위인 수소원자는 핵 융합하여 헬륨원자를 이루고 헬륨원자는 탄소원자와 산소원자를 이루었다.
탄소는 분자를 구성하는데 가장 이상적인 원소로 생명체를 구성하는 원소가 되고 산소는 수소와 결합하여 생명활동의 필수요소인 물을 구성하게 되니 이와 같이 장구한 역사를 통하여 바람꽃은 진화하여 왔다.
진화는 적자생존 속에서 이뤄지지만 환경에 적응하려는 무수한 노력과 행운이 함께 하기에 바람꽃은 피어날 수 있다.
행운은 우연이 아니다. 수많은 필연에 의한 결과로써 행운을 만날 수 있었고 그러한 행운이 있었기에 바람꽃이 피어난 것이다.
우주의 티끌인 별에서 태어나 바람꽃이 피기까지에는 우연이 아닌 수많은 노력들이 땀으로 얼룩져 있다. 이것이 바람꽃이 살아온 과거이자 현재이고 미래이다.

살아있다는 것은 행운이며 동시에 행운을 죽음으로 되돌려 보답해야 하는 것이 바람꽃이 지닌 운명이다. 삶과 죽음이 반복되는 가운데 서로를 잡아먹고 서로가 뒤섞이면서 바람꽃은 피고 진다.

진화 2

진화와 창조는 대립적인가? 우주는 빅뱅으로 시작되었고 시작이 있는 것은 원인이 있는 것이니 원인으로써 지적설계자인 창조주를 생각하지 않을 수 없다는 것이 창조론이다.
생명의 진화 단계에서 오억 사천만 년 전 캄브리아기에 갑작스러운 수많은 종의 출연은 진화의 불연속성을 나타낼 뿐만 아니라 생명의 유전자인 DNA의 염기서열이 자연발생적인 진화라고 하기에는 너무나 치밀하고 오묘하여 창조주의 의지 없이는 불가하고 더욱이 생명을 구성하는 세포단위의 정교하고 복잡한 구조와 기능은 생명이 우연히 진화되었다기보다는 지적설계자의 자유의지에 의한 것일 수밖에 없다는 것이 창조론의 요지이다.
그러나 창조주를 설정하기 위해서는 우주 만물이 피조물이 되어야 하는 종교적인 믿음이 먼저 선행해야 하고 지적설계자로써의 창조주를 과학적인 논증 없이 받아들여야 하는 신앙심이 창조론에서 극복해야할 한계이다.
우주상에서 은하가 차지하는 특별한 위치와 태양이 지구환경에 미치는 지대한 영향력과 지구가 태양과 달의 절묘한 조화 속에서 생명에 적합

한 조건을 유지하고 있는 현상 등은 지구상에 생명의 출현이 우연하게 진행되어온 자연발생적인 진화이외에 창조주의 자유의지가 개입된 것으로 추측하게 한다.

이와 같이 신비스런 우주의 질서와 생명의 오묘함에 비춰볼 때 생명이 자연발생적으로 진화되어 왔을 개연성은 있지만 진화론에만 의존할 수 없음을 보여준다.

한편 진화론을 뒤받침할 증거가 불충분하다고 하여 생명을 포함한 우주상의 만물이 피조물로써 지적 설계자에 의해 창조된 것이라고 단정할 수도 없다.

진화론은 불충분한 증거에도 불구하고 과학적인 타당성을 지니고 있고 창조론은 과학적 증명이 배제되는 한계에도 불구하고 종교적인 가치를 지니고 있다. 따라서 진화와 창조를 분리하여 대치적으로 해석하기보다는 상호 보완적으로 이해하여야 하리라.

모든 생명체는 시간과 공간상에서 연속적인 진화를 거듭하기도 하고 경우에 따라서는 일시적인 단절을 극복하고 불연속적인 진화를 거듭하기도 한다. 불연속적인 진화란 곧 창조를 의미한다.

진화와 창조가 교차되는 가운데 자의적 의지이건, 타의적 의지이건 간에 우주상의 모든 생명의 바람꽃은 지금 여기에서 시공간을 구성하고 있다. 결코 진화와 창조는 대립적인 개념이 아니다.

진화 속에서 창조가 일어나고 창조 속에서 진화가 일어나고 있다. 이들을 대립적으로 해석하고 분석하는 이원론적인 사고가 상호 대립적인 견해를 낳았을 뿐이다.

우주상의 만물은 그 한계의 유무와 주객의 입장을 넘어서 진화와 창조를 거듭하며 하나가 되고 있다.

진화론에 입증할 수 없는 단절이 있고 창조론에 종교적인 선입견이 있을지라도 이미 그 자체로써 의미를 지니고 있으니 우연적이고 비연속적인 진화론과 비가시적이고 종교적인 창조론을 대립적인 관점에서 보다는 전체적이고 상보적인 관점에서 이해하여야 한다.
평생 한나절도 체 살지 못하는 작은 미물이 있었다. 아침에 태어난 이 작은 미물은 해가 동쪽에 있는 것을 보고 죽었다. 해질 무렵 태어난 또 다른 작은 미물은 해가 서쪽에 있는 것을 보고 죽었다. 그리고 그들 중 한 작은 미물은 해가 동쪽에 있다고 주장하였고 또 다른 작은 미물은 해가 서쪽에 있다고 주장하였다.
바람꽃은 어느 해를 바라보고 피어있는가?

진화 3

진화의 목적은 어디에 있는가? 생명체는 유전적인 분화과정을 통하여 개체에서 개체로 삶과 죽음 사이를 진화해 왔다. 생명체의 구성은 세분화되고 정교해지면 정교해질수록 그만큼 취약해진다.
쇠는 수백도의 변화에도 견디지만 생명은 불과 몇 도의 변화에도 생사를 오간다. 생명체가 진화과정에서 정교해질수록 더욱 취약해지는 것이라면 생명체의 진화는 옳은 방향으로 가고 있는 것인가?
의문에 상관없이 진화는 진행되고 있고 생명의 흐름은 유한한 개체에서 개체로 이어져가고 있다. 개체마다 한시적인 미학과 신념을 가정해 놓고 거기에 진선미를 부여하고 생사의 수레바퀴를 굴린다.
먼 옛날 할아버지의 손자가 이제는 할아버지가 되어 손자를 바라본다.

그것이 세월이라 생각하고 삶과 죽음을 건너서 또 다른 삶에 이르리라고 기대한다. 개체의 죽음을 전체로 위로하려 한다.
생사의 수레바퀴가 굴러가는 가운데 진화의 미학도 함께 이뤄진다. 개체는 죽고 주검을 바라보는 의식만이 바람꽃으로 남겨진다. 시작도 끝도 없이 바람꽃의 춤사위는 허공 속에 펼쳐진다.

나목

계곡에는 나무와 침묵과
이따금 부서지는 바람소리가 있다

산등성이 마루에 어둠이 찾아와
뉘엿뉘엿 햇살이 능 마루에 기울고

골짜기 넘어 이어지는 길섶에
마른가지 드높은 둥지가 외롭다

풀잎 사이로 드러난 황토 빛에
나그네 숨결이 차마 배이고

여울지는 적막이
한 많은 나무들의 울음인가?

스쳐가는 구름이 인연인 냥
청록 빛 하늘이 깊기만 하다.

나목, 관악산 계곡에서

기

일상 속에서 흔히 느낄 수 있는 온기, 열기, 습기, 냉기, 한기, 사기, 혈기, 살기 등 감각적인 기운에서부터 전자제품에서 방사되는 전자파, 무선통신에 이용되는 장파와 단파, 초단파, 엑스선, 감마선 등 감각적으로 인지되지 않으나 물리적으로 작용하고 있는 기운에 이르기까지 다양한 형태의 기가 주위에 쉬임없이 운기(運氣)한다.

기의 종류에는 일상생활에서 이용되고 있는 전기력, 자기력이나 우주공간과 같은 거시적인 세계에서 작용하고 있는 중력, 또는 원자 구조와 같이 미시적인 세계에서 적용되는 강력이나 약력 등이 있고 청각적으로 감지되는 소리의 음파가 있는가 하면 시각적으로 인지되는 가시광선이나 태풍, 폭풍, 미풍과 같은 바람의 기운도 있다.

이런 모든 것들은 물질과 물질 사이를 연결시키고 물질과 정신 간에 작용하는 힘을 지니고 있다. 이러한 힘들을 총칭하여 기라 한다.

기란 무엇인가?

기는 모든 존재에 개별적으로 내재하는 힘이자 우주 만물 간에 작용하는 힘이다. 기가 개체에 작용할 때는 개별적이지만 동시에 전체와 연결될 때는 전체적이다. 기는 만물에 변화와 조화를 유지하고 항상 유동적이며 우주적 차원에서 영속적이다.

우주의 침묵 속에 충만하게 퍼져있는 기는 모든 물체에 작용하는 물리적인 에너지의 흐름이자 물질에 질서를 부여하고 물질과 물질간의 조화를 유지시키는 영적인 의식의 흐름이다.

개체마다 충만된 기를 자신의 에너지와 의식으로 삼고 활동하다가 개체가 소멸하게 되면 개체에 내재되어 있던 기는 다시 우주의 침묵 속으로 합일한다.
기는 상대세계에 존재하는 모든 개체에 내재하여 물리적인 힘을 주관하고 동시에 모든 개체에 내재하는 공통적인 의식의 흐름으로 절대세계의 침묵과 합일한다. 기는 스스로를 내보이지 않으나 모든 존재에 내재하여 우주 만물을 드러내는 바람꽃의 근원이다.

호흡

에너지는 물질의 근원을 이루고 있다. 몸은 전기적 에너지에 의해 움직이고 전기적 에너지는 수십 억 년 전 몸속으로 진화한 수조 마리의 미토콘트리아에 의해 만들어지며 그것들은 세포 속에 살고 있다. 중력이 커다란 물체에서는 중요한 영향을 미치지만 분자나 세포 수준에서는 전기력이 중력에 비하여 훨씬 더 중요한 영향을 미친다.
세포는 방대하고 북적대는 하나의 거대한 도시처럼 다양한 분자들이 떠다니는 물주머니이다. 그 물주머니의 벽은 세포막이라 불리며 분자들이 들어가고 나가는 것을 조절한다. 인체 세포 당 천개 정도의 미토콘트리아가 세포 내 에너지를 생산하는 발전소 역할을 한다.
전기적 에너지로 살아가는 동물들은 덩치가 작은 쥐나 덩치가 큰 코끼리나 거의 비슷하게 평생 동안 이억 번 정도의 호흡을 하고 팔억 번 정도의 심장박동을 하다가 생을 마감한다. 따라서 분당 백오십 번 호흡하는 쥐의 수명은 삼년에 불과한데 비하여 분당 여섯 번 호흡하는 코끼리는 사십오 년을 산다. 이와 같이 호흡과 심장박동수에 따라 수명은 상대적으로 변하는 것이므로 무릇 살아있는 생명은 시간의 의미보다 한 호흡의 의미를 소중히 여겨야 한다.
삼라만상 모든 것은 한 호흡에 펼쳐지고 한 호흡에 사라지는 바람 속의 춤과 같다.

복제

배아로 줄기세포를 만드는 유전자 기술로 난치병을 치료한다. 한편에서는 생명을 조작하는 기술로 말미암아 인간이 복제되어 인간의 신성함과 존엄성에 위해가 될 수 있다고 우려한다.
인류역사는 끊임없는 변화 속에서 반전을 거듭하고 있다. 전진 중에는 후퇴가 포함되는 경우가 허다하다. 역사가 흐르는 동안 획기적인 사건은 어느 시대에나 있었고 그에 대한 비판의 소리도 항상 있었다.
흐르는 물은 바위에 부딪혀도 돌아서 흘러가는 법이니 인간복제를 자연에 대한 도전이라고 우려할 것만은 아니다. 이미 주변에는 정신적인 복제가 수없이 이뤄지고 있다.
광고나 매스컴을 통하여 오락과 스포츠와 패션과 온갖 유행을 통하여 정신적, 심리적인 복제가 무의식적으로 이뤄지고 있다. 어디 그뿐인가? 종교와 사상과 신념과 온갖 주의들이 대중화되고, 지구촌으로 축소되는 흐름 속에서 인간 외향은 물론이고 정신과 심성마저 복제되고 있고 복제는 또 다른 복제를 계속하고 있다.

관습과 도덕 속에서 할아버지의 할아버지가 손자의 손자일적부터 홀로그램의 영상처럼 흡수되고 반사되어 스스로를 기억하고 외모에서부터 보이지 않는 정신적인 영역에 이르기까지 알게 모르게 복제되고 복제하며 살아오고 있다.

생명의 복제는 신의 문제도 아니고 생명 스스로에 대한 문제이다. 이는 엽기적이거나 극단적인 사건도 아니고 자연스럽게 거쳐 가는 하나의 현상일 뿐이다.

인간복제기술이 이뤄진다 하여도 허공이 있는 한 바람꽃은 균형을 유지한다. 바람꽃은 만물 속에서 피고 지지만 허공은 궁극적으로 하나이다. 일시적인 변화가 있을지라도 하나로 이어지는 흐름 속에서 바람꽃은 본래의 모습을 회복하리라.

나비를 날리거라

변함없는 나의 고객이여!
너희들은 오랜 세월 나를 부르고
너희들이 흘린 피 강물을 이루니
핏빛 강물에 배를 띄우고
그 위에 신전을 세웠노라
그 피로 말미암아 너희 육신 거듭나고
믿음이 너희를 구원하리라고
기쁨의 눈물을 흘리던 자들이여!
너희는 육체에 갇혀
영생의 채찍으로 스스로를 때렸노라
내 이름을 경배하는 자들이여!
미친 줄도 모르게 서로 미쳐
광란의 춤에 빠진 고객들이여!
영원히 미칠 수만 있다면
차라리 행복하련만
적막 속에 공허함은 찾아오고
다시 혼자가 되는 너희들이 아니더냐?
광고 속에 문자보고 웃고 싶거든
차라리 짐승의 슬픔을 바라보아라.
너희를 위한 것은 아무 것도 없다
너희가 할 수 있는 유일한 길은

자신을 복제하는 것일 뿐
나는 이제 너의 피를 마시기에 지쳤다
영생의 샘은 썩어 고름이 흐른다.
너의 신이 되는 것이 괴롭구나.
추락하는 꿈속에 날개가 없다는 걸
진실로 이 모든 것을 깨닫거든
너는 혼자이어라
그리고 외롭다 하여도
그것이 너임을 알고 자족하여라
네가 가는 곳곳에 또 다른 너를 만들고
그 피에 취해 네 심장 뛰다가
그것들이 네가 아님을 깨닫거든
수많은 그림자에 네 가슴 밟히우며
허공에 나비를 날리거라.

운기, 수묵담채화

성의 비밀

어둠의 궁창을 열고 솟아난 것은 무엇이냐? 아래로 기우는 듯 솟는 힘이 소리 없이 뻗쳐나서 허공으로 밀어 올렸구나.
비밀을 간직하듯 숨소리에 흔들리는 바람꽃은 태고적 꿈속으로 밀려가고 생명을 재촉하는 진화의 숨소리는 밤마다 밀려드는 속삭임 되었다.
예리한 촉수에 향기를 묻히고 밤마다 별을 찾아 홀로 헤매는 침묵이었다. 어스름한 달그림자 골자기에 기울 때면 계곡에 흐르는 피 소리는 아이의 울음소리처럼 낭랑하게 들려오곤 하였지만 기다림은 언제나 언덕 저편에 있었다.
살내음 타는 노을에서 숲길 따라 손끝에 여리는 온기를 핥으며 눈동자는 고통과 희열을 반추하고 있었다. 먼 하늘 드높이 비상하는 날개가 심장을 향하여 수직으로 꽂힐 때마다 메아리는 기억 속을 맴돌며 후회 없는 물살을 가르고 있었다. 영겁이 순간 속에 합일하며 동굴 속으로 달려가던 그곳에 바람꽃이 돌아가야 할 고향이 있었다.

긴장

허공 속에서 기적과 같이 나타난 것이 우주의 별들이라면 별들 속에서 기적과 같이 나타난 것이 바람꽃이다. 고도로 집약된 진화의 끝자리에서 외줄 타듯이 위태로운 긴장을 배경으로 피어난 것이 바람꽃이다. 모든 생명체는 허공 속에 기적과 같이 피어난 바람꽃이라 할 것이니 생존의 위태로움은 가히 아침 이슬과 같다.
바람꽃은 긴장 속에 숨을 쉬면서 허공과 연을 이어가다가 호흡이 멈추면 생명을 풀어 헤치고 허공 속으로 회귀한다. 그 과정은 태어남과 죽음에 이르기까지 기적과 같이 이뤄지지만 바람꽃은 일상 속에서 피고진다. 긴장 속에서 피어나는 바람꽃은 무엇을 말해 주고 있는가?
위태로움과 수고로움과 고뇌가 바람꽃의 전부는 아니다. 바람꽃이 단지 위태롭기만 하다면 밤하늘에 허공을 가르고 사라지는 한줄기 혜성과 무엇이 다르겠는가? 바람꽃에 부여할 가치는 기적이라기보다 평범함에 있다. 평범은 존재와 무를 통틀어 중심에 위치한다. 중심에서는 찰나적인 선동이나 유행도 의미를 잃고 삶과 죽음과 그로 인한 수고로움과 긴장마저 사라진다.
모든 것이 사라진 순수 속에서 바람꽃은 오롯이 피어난다. 태양아래 흔들리는 바람꽃은 시간을 초월한다. 어느 순간 존재의 정점에서 태양과 바람을 맞이하고 스스로 살아있음에 새삼 수고로움을 묻지 않고 있는 그대로 찬란한 빛과 매혹의 향기를 발산한다.

재앙

천재지변이 세계도처에서 일어나고 있다. 인도네시아 해일로 수십만 명이 죽고 미국 허리케인으로 도시가 물에 잠기고 중국에서는 태풍으로 인명이 손상되는가 하면 파키스탄을 강타한 지진은 도시를 붕괴시키며 수만 명의 사상자를 내고 있다. 이 모든 것들은 지속적으로 지구상에서 일어나고 있는 재앙들이다.

동서양을 망라하고 닥치는 천재지변이 생존에 얼마나 많은 영향을 미치고 있는지 여실히 보여준다. 자연이 가져오는 재앙은 문명을 한순간에 무너트릴 만큼 위협적이다.

생존의 위협은 자연으로부터만 오는 것이 아니다. 중동 전쟁이후 지속적인 테러가 이라크를 포함하여 미국 영국 등 전 세계 도처에서 끈임 없이 일어나고 있다. 자연에 의한 재앙이 아니면 인위적인 살상에 의해서 생명은 수없이 죽고 있다. 왜 그러한가?

생명은 살아 있는 것을 전제로 하며 살아 있다는 것은 죽어야 하는 운명을 항상 내포한다. 살아도 산 것이 아니며 죽어도 죽은 것이 아니다. 살아도 일시적으로 살아있는 것이며 죽어도 일시적으로 죽어있는 것이다. 바람꽃은 생과 사를 오간다. 바람꽃은 무릇 아슬아슬한 외줄타기 위에서 목숨을 부지하고 있는 형국이다. 때가 되면 바람꽃은 스스로 흩어져 대자연으로 돌아간다. 그리고 해체된 바람꽃은 또 다른 생명으로 부활한다.

수없이 많은 내가 죽어 수없이 많은 너로 부활하는 것이 생명이며 그 과정을 사랑이라 부른다. 바람꽃이 피고 지는 것은 사랑의 표현이다. 사랑은 위태로움 속에서 비수도 품고 미소도 품은 체 생사의 변화를 한 송이 꽃으로 보여준다.

허공 속에서 피어나는 한 송이 바람꽃은 생명의 진수를 보여준다. 바람꽃은 순간 속에 피고 지는 생사의 리듬이며 거기에 소유와 지속이란 없다. 바람꽃은 한순간에 피어나 잠시 춤사위를 펼치고 바람과 함께 사라진다.

도전

인류의 조상은 이백만 년 전에 지구상에 출현한 이래 지금까지 지진, 해일은 물론이고 화산 폭발이나 대홍수, 기후변화에 따른 빙하기 등 가혹한 자연의 재앙에 대항하여 끈질긴 생명력으로 살아왔다. 뿐만 아니라 자연이 평화로울 때에는 인간들 간에 전쟁으로 스스로 재앙을 자초하기도 하였다.

바람꽃의 역사는 도전의 역사이다. 끝없는 시련 속에서 생존을 향한 도전 정신은 히말라야 등정이나 극지방 탐사 등을 통하여 인위적으로 표출되기도 한다.

산이 있기에 오른다는 끝없는 도전정신이 생존이유가 되고 있다. 도전이 없다면 생존의 의미가 없다. 어차피 바람꽃은 피고 지는 것이다. 때문에 열정을 불태우는 도전이 동서고금에서 끝없이 이뤄지고 있다. 도전의 역사는 삶의 과정이며 흐르는 세월 속에서 도전은 또 다른 도전을 부른다.

자연의 재앙이나 종족 간의 투쟁 속에서 벌어지는 시련이 바람꽃을 진화시키기도 하고 때로는 퇴화시키기도 한다. 진화를 통하여 바람꽃은 새롭게 피어나고 바람꽃이 지는 것은 또 다른 생명을 예고한다. 시련에 대한 도전은 생존의 무대 위에 펼쳐지는 격정의 춤사위다.

휘몰아치는 시련을 즐길 수 있는 바람꽃이기에 그 자체만으로도 아름답다.

생존게임 1

어느 날 갑자기 평화롭던 초원에 낯선 모습의 사자가 등장한다. 이 지역을 다스리던 늙은 사자는 새로운 침입자를 응징하러 달려간다. 조용하던 초원에 물러설 수 없는 한판의 사투가 벌어진다.

물고 물리는 치열한 접전 끝에 마침내 새로 나타난 강자에게 밀린 늙은 사자는 자신이 지배하던 영역을 포기하고 떠날 수밖에 없다. 이제 새로 등극한 젊은 사자가 이 지역의 새로운 지배자가 된 것이다.

사투 현장을 숨 숙이고 지켜보던 암사자 무리와 새끼들은 새로운 지배자를 숨죽이며 바라본다. 그들의 얼굴에는 앞으로 다가올 운명을 초조하게 기다리는 눈빛이 역역하다. 새로 등극한 지배자는 피 묻은 모습 그대로 어슬렁거리며 사자 새끼들에게 다가선다.

사자 새끼들은 숨을 죽이고 땅바닥에 엎드린 채 다가오는 운명을 무방비 상태로 바라본다. 새로운 지배자는 사자 새끼들에게 다가가 하나 둘씩 잔혹하게 물어 죽인다. 이 때 암사자가 새끼를 보호하려고 살육의 현장에 끼어들었다가는 암사자마저 생명을 보장할 수 없기 때문에 암사자들은 살육의 현장을 침묵하며 속수무책으로 바라볼 뿐이다.

마침내 새로운 지배자는 후환을 깨끗이 없애고 자신의 씨를 뿌릴 준비를 마무리한다. 이제 공포와 살육의 밤이 지나고 새날이 밝아온다. 초원에 구름이 일고 비가 뿌려진다.

새로 등극한 지배자 주위에 암사자들이 모여들고 지배자는 암사자들과 하나씩 교미한다. 새로운 강자의 종족 번식이 시작된 것이다.

힘에 밀려 쫓겨난 늙은 사자의 행방은 알 길이 없다. 작열하는 태양에 증발하여 바람으로 돌아갔으리라.
자연은 강자를 선택한다. 그러나 진정한 강자는 머물지 않고 항상 새롭게 불어오는 바람이다. 낡은 것은 가고 새로운 바람꽃이 피어난다.

생존게임 2

인생은 경쟁으로 시작해서 즐거움으로 끝난다. 우열을 가리는 생존경쟁은 생명의 진화과정에서 필수적이며 적자생존은 엄연한 현실이다. 반면에 즐거움은 인생의 또 다른 희망이다. 경쟁이 불러오는 끝없는 긴장을 즐거움으로 극복한다. 지속적인 긴장만으로 인생은 살 수 없다. 순간순간 긴장을 이완시킬 수 있는 방편으로 사람들은 오락을 즐긴다. 오락과 경쟁은 동전의 양면과 같아서 동시적이다.
경쟁은 피를 부르고 심장을 멎게 하고 우열을 구분하고 삶과 죽음을 심판한다. 동서고금에 그칠 줄 모르고 일어나는 전쟁에서부터 각종 스포츠 경기에 이르기 까지 그 배경은 경쟁에 기초를 두고 있다. 로마시대의 검투사 경기에서 오늘날 투우경기에 이르기까지 관중은 피를 부르는 죽음의 경기에 열광하고 스릴 속에서 스스로 살아 있음을 체험한다.
사람들은 긴장과 이완, 경쟁과 오락을 동시에 즐기는 다양한 종류의 게임을 즐긴다. 제반 스포츠 경기는 물론이고 사이버 공간을 통하여 다양한 게임을 즐기는 시대가 되었다. 인생은 게임인가?
혹자는 인생을 일장춘몽이라 하기도 하고 도박이라 하기도 하고 연극이라 하기도 한다. 꿈과 같고 도박과 같고 연극과 같은 것이 인생이라면 이러한 모든 것들은 하나의 게임과 같다.

게임 속에는 주객이 함께 한다. 게임은 현실이 아니면서 동시에 현실이다. 게임 속을 넘나들며 주인공이 되고 객이 되기도 한다. 현실 속에서 상상의 세계를 보고 상상의 세계 속에서 현실을 체험한다. 이것이 인생이고 게임이다. 인생은 게임이다. 승자와 패자, 경쟁과 오락, 긴장과 이완이 한데 어우러져 바람꽃의 춤사위가 펼쳐진다.

여름밤 해변에 핀 바람꽃, 수묵담채화

6. 나를 찾아서

바람꽃은 감추어져 있지 않다. 바람꽃은 도처에 피어있는 것이다. 말로부터 자유로운 것이 바람꽃이다. 행하는 모든 것이 바람꽃이다. 천지간에 바람꽃 아닌 것이 없으니 바람꽃을 세삼 구할 바 없다.
바람꽃을 구했다 하면 이미 그것은 바람꽃이 아니니 바람꽃은 없는 듯이 있는 것이다.

육체 1

몸은 세포로 구성되고 세포는 분자들로 구성되고 분자들은 원자들로 구성되고 원자들은 원자핵과 전자들로 구성된다.
원자핵보다 원자가 십만 배나 크고 원자보다 세포가 이십만 배나 크고 세포보다 사람 키가 팔만 배나 크니 원자핵이나 전자의 크기에 비한다면 인간의 육체는 가히 헤아릴 수조차 없는 천문학적인 크기가 아닐 수 없다.
그러나 백오십억 광년을 헤아리는 우주에 비하면 인간의 육체는 어떠한가?
빛의 속도가 초속 삼십만 킬로미터이니 빛이 일초 동안 달려가는 거리는 사람 키보다 일억 구천만 배나 크고 일 광년 거리는 빛이 일초 동안 달려가는 거리의 삼천만 배나 크고 관측 가능한 우주 끝은 이보다 백오십억 배나 크지 않은가!
우주 속을 떠도는 수많은 은하계 중의 어느 한 은하계에 속해서 그 속을 돌고 있는 수천억 개의 별들 가운데 작은 별에 불과한 태양을 생명의 빛으로 삼고 태양계를 돌고 있는 행성 중의 하나인 지구상에서 육십억의 인간이 살고 있으니 광활한 우주에 비하면 태양마저 티끌일 뿐인데 하물며 인간의 육체를 비교하여 무엇하리요.
공간뿐 아니라 시간의 크고 작음은 어떠한가? 하루살이에 비해서 인간의 수명은 일만 배나 긴 생을 살고 있지만 백오십억 년을 지나온 우주에 비하면 인간의 수명은 이억 배나 짧은 찰나를 살고 있다.
인간의 육체를 놓고 볼 때 보는 시각에 따라서 크고 작음이 이와 같이 다르니 무엇을 크다 하고 무엇을 작다 하리요. 바람꽃은 그대로 피고 질 뿐이다.

육체 2

육체가 어느 날 갑자기 시공간 한점에 감옥이 되어 한 송이 바람꽃을 세상으로부터 격리시켰다.
육체는 감옥에 갇힌 바람꽃에게 소리 없이 다가와 친구가 되어 주겠노라고 속삭인다. 바람꽃은 감옥에 왜 갇히게 되었는지 이유도 모르고 육체와 함께 살기 시작했다.
그로부터 육체는 바람꽃의 친구가 되어 세상을 보여주고 항상 그림자처럼 동행하며 속삭이곤 하였다. 육체는 마치 바람꽃인 냥 행동하였고 바람꽃은 그러한 육체를 당연하게 생각했다.
바람꽃은 어느덧 육체에 익숙해지고 매사 육체를 통하지 않으면 안 되게 되었다. 이제 바람꽃은 육체 없이 아무것도 할 수 없었고 육체가 자신이라고 생각하게 되었다.
그렇게 한 세월 흐르다 보니 어느덧 감옥의 창살이 비바람에 흩날리고 천정마저 헤져서 밤이면 별이 보이고 창틈으로 바람이 흘러들었다. 육체는 이제 헤진 모습이 되어 바람꽃을 떠나려고 한다.
바람꽃은 육체가 떠나면 감옥에 홀로 남아 외로움을 어찌 할까 고민하는데 막상 육체가 떠나자 그동안 격리시켰던 감옥도 꿈처럼 사라지고 모든 것은 하나가 되어 있었다.

육체 3

아! 해골 같은 육체여!
눈망울만 유난히 죄 없이도 커서
차마 어찌 못한 체 부둥켜안고 보니
뼈 속으로 박혀 오는 슬픔
그래도 온기는 남아있어
긴 머리카락 쓰다듬으며
침묵을 희열이라 느끼던 날
비로소 사랑은 허공이 되었다

해체, 수묵담채화

모두이어라

너를 잊고 이름 없이 오라
하늘도 별도 너를 맞으리라

너를 벗고 알몸으로 오라
산도 들도 너를 맞으리라

짐 다 벗고 노래하며 오라
새소리 바람소리 너를 반기리라
온갖 꽃이 친구 되어 반기리라

너는 이제 외롭지 않으리.
모두가 너와 함께 노래 불러라.

네 목소리 주위에 생명을 불러오고
네 몸짓은 신선한 바람 되어 오리라

순간에서 영원으로 함께 하리니
너는 우리의 모두이어라

너의 노래 너의 몸짓에
하늘 바다 별 바람 모두 다 춤추리라

나 1

몸이 나인가? 마음이 나인가?
꿈속의 나인가? 꿈꾸는 나인가?
마음이 사라지니 꿈도 사라진다.
몸도 없고 나도 없다.
하나가 둘인 것은 하나이기 위함이다.
텅 빔이 하나이고 일체이다.
없이 있는 그대로가 참이다.
마음이 사라지니 바람꽃이 피어난다.
소유되지도 소유하지도 않으니 일체가 지복이다.

나 2

내가 되기까지 산마루에 꽃은 피고
바람은 소리 없이 스쳐갔다.

말 못하던 언어가 까닭 없이 열리고
어미를 그리워하는 아이처럼

별빛을 바라보고 또 하루를 보내며
나의 어리석음을 되새기면서

조각난 빛과 그림자 사이로
내가 된 까닭을 삼키고 있었다.

나 3

언제부터인가
무조건한 내가

얼굴도 이름도 아닌 것이
어느덧 내가 되어

변해가는 육체인 듯
그물에 바람인 듯

잡힐 듯 잡히지 않고
보일 듯 보이지 않는

전부인 듯 하나인 듯
아무 것도 아닌 듯

순간의 티끌인 듯
영원한 침묵인 듯

불가사의한 것이
내가 아닌 내가 되어

삶인 듯
꿈인 듯 하여라.

거울 1

거울 속으로
다가서는 너를 바라보며
나는 서있다

오감의 분별이
거울 앞에 흔들리고

언제부터인지
너와 나는 메아리 되어

너는 나인 냥
나는 너인 냥
거울 속에서 함께 살고 있다

거울 2

거울을 바라본다.

거울 속에 비친 눈동자
그 속에 비친 모습을 본다.

세상은 너보고 나라고 한다.
너를 통해 나는 살고 있다

너는 시간 속에 살고
나는 시간 밖에 산다.

너는 나의 그림자
너를 통해 나는 깨우친다.

너는 나의 친구

너 없이 나는 아무 것도 아니고
너를 통해 나는 비워진다.

자화상

순하고 힘센 짐승을 찾아서
아이가 길을 떠나니

산 넘고 물 건너 온종일 헤매다가
햇살아래 곤한 몸 잠이 들고

짐승의 울음소리에 깨어보니
발자국소리 멀어진다.

지나온 길을 되돌아보니
아이는 간데없고
낯설은 노인이 짐승을 몰고 간다.

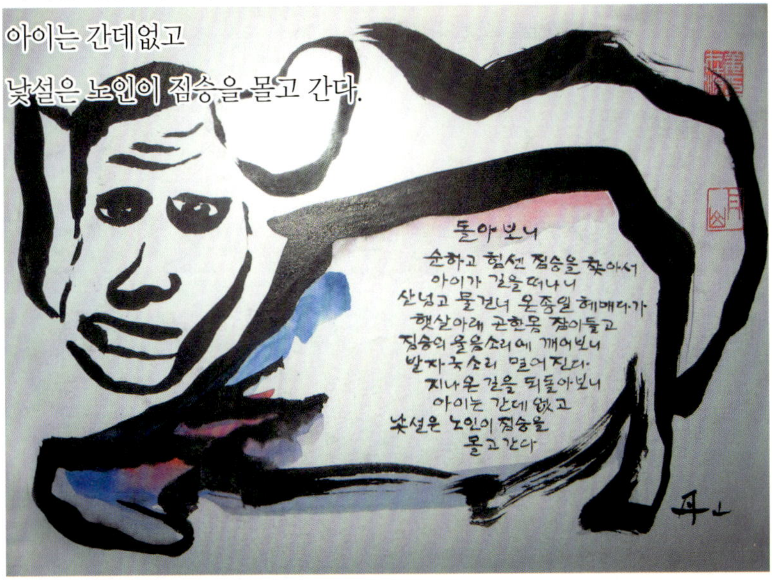

자화상, 수묵담채화

떠나있어도

봄나비 날던 시절
꿈속의 하늘가

밀고 당기던 입술
노을에 타오르고

알몸으로 부둥키던
여름밤의 숨결이

너와 나의 속삭임
흐르는 냇물 되어

이제는 가을마저
텅 빔 속으로

너 지금 내 곁을
떠나있어도

마른 꽃잎은
바람결에 흩날린다.

바람 1

미혹함이 끝이 없구나.
어둠 속에 악마를 보는 것은
네 마음의 환상이리니
이 모든 환상은 미혹하기 때문이다
시작도 끝도 없는 마음속에
어느 날 네가 찾아와
부평초 같은 마음 되어
고독에 지친 네가
너이고 싶은 집착으로
어둠 속에서 악마를 만드나니
네 진정 모든 것을 놓는다면
무구한 자유로움에
미혹함이 없는 바람이 되고
어둠과 빛을 분별하지 않고
악마와 천사를 차별하지 않고
오로지 순수 무구한 바람이 되어
어느 곳에나 있고
어느 곳에도 머물지 않는
맑은 바람이 되리라

바람 2

배는 떠나가고
바다 저편 황혼마저
한 점이 되고 있다

구할 것이 무엇이던가?
그대로 행복이고
바람이 아니던가?

모든 것은 지나가고
지금은 영원한 순간
살아있음이 꿈이었나니

시공의 덫

육체가 시공의 덫에 걸려 있다. 육체와 육체에 갇힌 사람들 사이에 공간의 덫이 걸리고 과거의 기억과 미래의 환상은 시간의 덫을 만들어 자유를 억압한다.
육체는 나를 꿈꾸고 전부를 가장하지만 본래 나는 없고 육체는 형상일 뿐이다.
과거와 미래가 영원을 꿈꾸고 지속을 가장하지만 순간의 흐름을 벗어난 정체 속에 생명은 없다.
덫에 걸린 육체는 생존 속에서 몸부림치다가 마침내 껍질을 벋고 한 송이 바람꽃으로 피어난다. 허공 속에 피어난 바람꽃은 시공의 덫을 넘어서 자유롭게 춤사위를 펼친다.
순간이 바람이고 순간이 꽃이다.

소중한 것

형상을 지닌 것 중에서 가장 소중한 것은 무엇인가? 육체는 바위나 쇠보다 연약하고 수명도 짧지만 형상을 갖진 것 중에 으뜸이다. 건강한 육체 없이는 세상 어떠한 만물과도 조우할 수 없다. 바람꽃은 건강한 육체로부터 그 모습을 형상화한다.

형상을 지닌 것 중에서 건강한 육체에 버금가는 것은 무엇인가? 수많은 인연 가운데 좋은 친구를 만나기란 쉽지 않지만 좋은 친구는 건강한 육체만큼이나 소중하다. 천만금 재화가 있다 하여도 건강한 육체와 좋은 친구가 없다면 일상은 활기차지 못하다.
사람들이 부를 추구하는 목적은 건강한 육체와 좋은 친구를 얻고자 함에 있다. 재화가 풍부하면 건강한 육체와 좋은 친구를 구하기가 그만큼 쉬울 것으로 여겨지기 때문이다.
그러나 재화가 곧 건강한 육체와 좋은 친구 그 자체는 아니다. 이미 건강한 육체가 있다면 세상 부의 반절을 얻은 것이요, 좋은 친구까지 얻었다면 세상부의 전부를 얻은 것이다.
호화로운 저택에 병든 노인이 홀로 살고 있다고 상상해보라. 얼마나 쓸쓸하고 외로운가. 호화로운 저택이나 금은보화도 건강한 육체와 좋은 친구가 없다면 아무런 쓸모가 없다. 동서고금을 막론하고 사람들이 부를 추구하고 있지만 부의 근본적인 가치는 그 자체에 있는 것이 아니다. 건강한 육체와 좋은 친구가 한데 어우러져 바람꽃의 춤사위를 펼친다면 이미 만물 가운데 으뜸을 이룬 것이다.

껍질

일상 속에 펼쳐진 여러 가지 현상들과 변화, 그것을 바라보는 마음이 내가 아닌 것이 나인 냥 스스로 껍질을 만들고 격리되어 외부에 대한 저항감을 불러일으킨다. 껍질 속에 갇힌 유한성과 그 속에 격리되어 생기는 이원성, 껍질을 지탱하려는 수고로움과 껍질을 넓힐수록 좁혀오는 긴장감이 스스로를 왜곡시킨다.
나에 대한 집착으로부터 한 순간 놓여나면 긴장 속에 대치하고 있던 현상계가 왜곡된 억압에서 풀려나고 그 순간 자유와 신생이 도처에서 펼쳐진다. 이 얼마나 풍요로움인가!
거울 속에 갇혀있던 바람꽃이 너울을 벗고 거울 밖으로 되살아난다. 쪽빛 하늘에 찬란한 햇살이 부서지고 거리마다 바람꽃은 일체감을 이룬다. 바람꽃은 제각기 다양한 모습으로 춤을 추며 태초의 시간을 꿈꾼다. 나는 없는 것이다. 나는 당초에 없었고 지금도 없으며 유령처럼 잠시 드리워진 육체의 그림자는 바람꽃과 함께 언젠가 사라져버릴 것이 분명하다.
언젠가 벗어질 거죽으로 가상의 공간 속에 나를 가둬본들 무슨 소용 있으랴! 애당초 내가 없는데 내가 어디 있는가?
나라는 환상이 나를 꿈꾸고 그림자가 나인 냥 가상의 껍질을 드리우고 바람 속 그물처럼 착각을 일으킨다. 꿈속에 껍질을 쌓고 그것이 나이려니 생각하는 착각이 삶을 왜곡시킨다.
한번 꿈에서 깨어나면 꿈과 함께 나는 사라지고 억압된 모든 것이 본래의 모습으로 되살아난다. 거기에는 나도 없고 나로 인한 착각도 없고 생사의 모순도 없다.
나도 없고 너도 없고 그들도 없다. 단지 바람꽃이 있을 뿐이다. 너와 나와 그들도, 이것, 저것 그것도 오로지 공간의 흐름을 나타내는 좌표일 뿐 별개의 것이 아니다. 순간에 피고 순간에 지는 바람이자 꽃이다. 가상의 껍질에서 왜곡된 나를 해방시킬 수 있는 것은 오직 나라는 꿈에서 깨어나는 것뿐이다. 한 껍질 벗고 나면 세상은 있는 그대로 바람꽃이요 풍요로움 자체이다.

너와 나

허공 속에서 바람꽃이 피어나니 인생도 사랑도 하나가 되려는 열망으로 시작한다.
태초에 바람꽃은 하나이기에 둘이 되어 헤어진 아픔으로 하나이고 싶다. 하나이고 싶은 열망이 혼 불을 사르고 그리움으로 타올라 고독한 몸부림은 꿈속을 헤맨다.
격정의 어둠이 지나고 밝음이 찾아오면 고요한 피로가 햇살처럼 밀려와 그리움으로 피워 올린 한 송이 바람꽃이 창밖에서 속삭인다.
혼돈이 지나고 고요한 평화가 육체의 마디마다 밀물처럼 밀려오고 남모르게 속삭이던 남과 여는 둥지로 돌아와 진화의 꿈을 꾼다. 거울 속의 바람꽃은 꿈을 꾸고 오감으로 타오르는 뱀의 욕망은 정수리를 타고 열사의 사막을 지나 머나먼 별의 노래가 된다.
거리에는 수많은 바람꽃이 흩날린다. 어디로 흩날리는 바람꽃인가?
검은 눈동자와 하얀 미소가 허공으로 교차한다. 군중의 소음 속에 침묵이 흐른다. 여름휴가로 텅 빈 열섬의 도시에는 숲이 그리운 매미들이 속절없이 우짖는다.
봉봉이 타오르는 열기로 달아오른 아스팔트 도로가 지평을 이어간다. 도시 지평선을 넘어 산과 골이 여인의 풍만한 곡선을 이룬다. 촉감은 부드럽고 머릿결에 흐르는 살내음은 향기롭다. 입술에 고인 혀는 달콤하고 목소리는 감미롭다.
바람꽃은 오감으로 흩날리고 기나긴 해후 속에 눈물로 전율한다. 뱀의 욕망이 심장에 똬리를 틀고 한바탕 춤사위가 오색으로 펼쳐진다. 하나가 되려는 피와 살의 몸부림이 한판의 춤사위로 흩날리고 바람꽃이 죽어 허공으로 부활하는 꿈을 꾼다.

종의 진화는 사랑을 남기고 바람처럼 떠난다. 너는 내 가슴에 바람꽃이 되고 너와 내가 몸부림치던 오색의 혼돈은 어둠 속에서 침묵한다.

하나가 어찌 둘인 줄 알고 그리도 하나이길 갈망하였던가! 너와 나로 조각난 바람꽃이여!

마음

밤바다 열리는 동녘으로
새로울 것 없는 하루를 헤치고
벌거벗은 해가 솟아오른다.

소금밭에 백야는 흔들리고
잃어버린 전설을 찾아서
순간은 영원을 엮어 가는데

선문을 넘고 넘어도
육신은 마음 안에 머무니
마침내 해는 서산에 기울고

찾으려 헤매던 것은
그물에 걸린 바람이라
차라리 허공이었구나.

문

언제적부터 인지 동쪽 문에 영혼이 있고
서쪽 문에 육체가 있다 하여

영혼을 부를 때면 동쪽 문을 통하고
육체를 찾을 때는 서쪽 문을 통하곤 하였다

양쪽 문이 따로 있어 그렇듯
영혼을 부르고 육체를 노래하다가

어느 날 한쪽 문을 통하여
영혼도 육체도 함께 해보니 더없이 행복하다

그렇게 단순한 삶을 분별하느라
한 평생이 흘러갔다

丹山

2편

일상의 해학

어리석음

인생역전

남과 여

비격비우

묵향

무엇이 중심인가?

7. 어리석음

모든 것은 잠시 보였다 사라지는 것이려니 기대하지 말라.
집착할수록 멀어지려니 적절함에 자족하여라.

회귀

수십 년 만의 폭설에도 불구하고 산 중에 찾아오니 어제 밤부터 내리던 눈이 아직도 내리고 있다. 화장터 입구 고개 마루에 빽빽한 나무숲이 하얀 바람꽃을 피웠다.
눈 쌓인 빙판길을 이따금씩 차들이 기어간다. 언덕 능성을 이루는 나무숲의 희미한 자태만이 하늘과 대지를 구분하고 있을 뿐 온통 천지가 하얗다. 적막이 주위를 감싸고 백야의 풍경이 바람꽃을 이룬다.
초로의 노인은 관리소 직원을 만나러 갔다. 고향 선후배 사이인지라 일이 잘 될 거라고 기대하며 무릎까지 빠지는 눈길을 헤집고 관리소 정문을 향해서 올라갔다.
자연과 인간이 한 폭의 설경 속으로 빠져들고 있지만 각각의 생각이 다르기에 하나 되기란 쉽지 않다. 말하는 자와 듣는 자 사이에 생각의 차이를 좁히기란 쉬운 일이 아니다. 산자와 죽은 자 차이만큼 이나 산자들 간에 생각과 이해가 다르다. 나무들이 한 그루 한 그루 마다 제 각기 모습을 달리하고 고개 마루 능선에 빼곡히 늘어서 있다. 나무와 나무가 모여 능선을 이루고 하늘과 대지 사이를 점점이 이어간다. 능선을 이루고 맞닿는 저편 끝으로 한 폭의 설경이 펼쳐지고 고요한 적막 속에서 사람들은 이야기를 주고받으며 제각기 다른 생각에 잠겨 있다. 사람들의 일이란 대자연에 비하면 사사롭고 번잡하기 이를 때 없다. 무엇인가 얻으려고 폭설도 마다하지 않고 먼 길을 찾아왔지만 결과에 상관없이 왔던 길로 되돌아가야 하는 것이 바람꽃의 운명이다.
저편 언덕 아래에서 승용차 한대가 힘겹게 빙판 길을 오르려다 미끄러지고 또 미끄러지기를 몇 차례 하더니 마침내 포기하고 돌아가 버렸다. 그 사이 관리소 직원과 대화를 나누러 갔던 초로의 노인이 한참 만에 돌아와서 대화가 잘 되었다는 듯이 빙그레 웃는다.
그러나 알 수 없는 것이 인간지사 새옹지마가 아니던가? 언제 웃음이 눈물로 바뀔런지 그 누가 알겠는가?
무엇인가 구하려면 무엇인가 잃게 마련이고 그렇게 얻어 본들 결국 모든 것을 놓고 가는 것이 인생이거늘 그런 줄 알면서도 평생을 하루같이 속아 살다가 어느새 원점으로 돌아와 바람꽃이 되어 있는 자신의 모습을 바라보며 비로소 인생이 철드는 것이다.

경쟁

지구상의 자원은 일정 규모로 한정되어 있다. 한정된 자원을 얻기 위해 자연의 정글 속에서 동식물들이 경쟁하듯 도시의 정글 속에서 사람들

간에 제한된 부를 놓고 경쟁한다. 내가 가지면 누군가가 갖지 못할 것이고 누군가가 가지면 내가 갖지 못할 것이다.

사람들은 도시의 정글 속에서 경쟁하고 있지만 그 결과는 언제나 부족하고 불만족하다. 설사 오늘 행운이 찾아와 일시적으로 만족할지라도 전체적으로 부족하다는 생각은 떠나지 않는다.

바람꽃은 1할의 행운을 얻기 위하여 9할의 불행과 조바심과 분노와 좌절을 감내하며 도시의 정글 속을 헤쳐가고 있다. 내가 편한 만큼 남이 힘든 것이고 내가 힘든 만큼 남이 편한 것이고 내가 많이 가질수록 남이 적게 갖는 것이고 내가 적게 가질수록 남이 많이 가지는 것이다.

지구상의 부와 물질은 한정되어 있고 모든 사람들을 만족시킬 만한 충분한 물질이 지구상에 없을 뿐 아니라 사람들의 마음에 여유가 없는 것이 더욱 삶을 궁핍하게 한다. 그런 줄 알면서도 최선을 다하여 노력하는 것이 생존의 미덕으로 남아 있다.

과연 최선의 노력이 유일한 미덕인가? 최선이 아니라면 무위도식하거나 자포자기하는 길 밖에 없을 터이지만 그렇다고 최선이 원하는 결과를 보장하지는 않는다. 노력의 결과는 시운에 따라서 결정되지만 노력하는 과정만은 의지로 남는다.

종의 진화과정에서 구축되어 있는 먹이사슬처럼 도시의 정글 속에 구축되어 있는 빈익빈, 부익부의 고리를 끊고 분배의 질서를 바로잡기란 쉬운 일이 아니다.

철학자가 사색하는 시간을 갖기 위하여 노예가 철학자의 밥을 지어야 하는 것이라면 이는 당연한 처사인가 부당한 처사인가? 그에 대한 해답은 사람마다 처해진 위치에 따라 다르다.

경쟁은 차별 속에서 전개되고 있지만 시련을 즐길 수 있기에 바람꽃은 고독하지만은 않으리라.

언어

바람에 꽃이 진다. 주말이면 강변에 핀 꽃도 봄비 맞으며 질 것이다. 이른 아침 책꽂이에서 묵은 책을 펴본다. 바람꽃이 문자로 기립한 체 꼬리에 꼬리를 물고 사념 속에 이어진다. 창밖은 엷은 회색으로 침묵하고 부르는 이 없어도 거리로 나서는 발걸음이 부산하다.

돈과 돈의 액수와 돈의 대화와 돈의 시샘과 돈의 굴욕과 돈의 피와 돈의 웃음과 돈의 고함과 돈의 무상함이 지폐가 되고 은행통장이 되고 소주가 되고 옷이 되고 집이 되고 연인이 되고 자동차가 되고 얼굴이 되어 눈동자에서 눈동자로 숨소리에서 숨소리로 이어지고 또 이어져 간다. 한숨소리와 웃음소리가 대칭을 이루다가 파괴된 파편들이 침묵을 가른다. 먹고 먹히는 것이 뱀의 꼬리에 꼬리를 물듯이 이어지고 창백한 가지에 걸쳐진 언어들을 겨울바람에 황태를 말리듯이 널어놓는 하얀 여백이 무슨 뜻이 있을까 생각해 본다.

손가락으로 키보드 자판을 두드리는 시간과 시간의 이어짐이 마치 가진 자가 구걸하는 자를 굽어보는 착각된 진실에 나를 팔려고 안달하는 듯하다. 그러나 가진 자의 주머니도 실상은 텅 빈 허공이다.

돈 바람 지고 꽃바람 지고 나면 어둠 속에서 배고픈 고양이들이 도시를 배회하며 휴지통을 뒤지고 다니리라. 바람꽃은 주말마다 찾아오는 것이 아니었다. 먹이를 문 뱀도 그의 꼬리를 또 다른 이빨에 물어뜯기고 있지 않았던가? 여기 한 호흡이 이어지는 동안 어느 병실에서는 한 호흡이 끊어진다. 환자는 의사의 눈동자를 보며 아스라이 멀어지는 눈빛으로 그 속에 비춰지는 자신의 텅 빈 모습을 바라본다.

그 순간 어느 공원 한 모퉁이에서 바람꽃은 흩날리리라. 바람소리를 들으며 묵은 책갈피 속의 낱말들은 침묵의 기도를 배우리라.
죽어도 아니 죽은 영혼으로 새벽바람을 울리고 있으리라. 울음소리 무엇을 구하는지 아무도 듣는 이 없이 세월과 세월을 넘어 끝없는 죽음으로 삶을 이어가리라.
그 메아리는 문자가 침묵에 갇혀 영겁으로 몸서리치던 묵은 책갈피, 바람 한 점 들지 않는 틈 사이로 울려 퍼지리라. 그 소리 아무도 듣지 않는 망각의 늪이 되어 기억과 함께 사라져 가리니 이제 무엇을 구할 것인가? 이른 아침 창밖에 한 송이 바람꽃이 흩날리고 있다.

시련

세심한 시장조사 없이 출발한 것이 문제인지, 동업이 문제인지, 적은 자본금이 문제인지, 당초 주주들이 몸담고 있는 기존 회사들로부터 일감을 확보할 수 있으리라는 막연한 기대는 세월이 갈수록 빗나가고 일감이 부족한 상태에서 회사를 운영하기란 쉬운 일이 아니다.
재벌의 규모에서는 년 간 수조원에서 수십조 원의 매출을 헤아리고 대기업체의 경우에도 수천억 원대를 헤아리며 중소업체인 경우에도 수백억 원대의 매출을 올리는 경우가 있지만 십억 원의 매출조차 올리지 못하고 전전긍긍하다가 거품처럼 사라지고 마는 중소업체들의 수가 부지기수로 많다.
관공서에서는 일정규모와 실적이 있는 업체들 위주로 입찰조건을 만들어 발주하다보니 실적이 없는 업체들의 수주가능성은 원천적으로 봉쇄된다. 빈익빈 부익부다.
발주처에서 직접 발주 받을 입장이 못 되면 대기업체에서 하청 물량이라도 받아야 하지만 열악한 규모에서 하청 물량조차 확보하기 어렵다. 수입이 없으니 직원들도 대부분 퇴직하고 텅 빈 성문을 홀로 남아 사수하는 장수처럼 기적 같은 단비를 기다리며 뛰고 있다.
아홉이 무너져야 하나가 일어서는 풍토 속에서 지난 세월이 회한에 잠기기도 하지만 뇌리 속에 각인된 체험들이 스스로를 성숙하게 하였으니 그것으로 족하다. 시련 속에서 피어나는 바람꽃에 후회는 없다. 사업이나 국가경영이나 역사 속에 자취만을 남길 뿐 무덤에 가져갈 것은 아무것도 없지 않은가.
사자와 악어 간에 싸움이 벌어진다면 누가 이길까? 들판에서 싸우면 백번 사자가 이길 것이고 늪지에서 싸우면 백번 악어가 이길 것이다. 저마다 처해진 환경과 재능이 다르니 어찌 하나만을 보고 승패를 가늠하랴. 달은 차면 기울고 영원한 승자는 없는 법이니 저도 졌다 하지 말고 이겨도 이겼다 하지마라.
아홉 개의 무덤 사이로 바람이 부는데 한 송이 꽃은 어디에 피었는가?

귀소

황소 몰고 저녁노을 태우며 간다.
고개 넘어 황토길 터덜터덜 간다.
꼬부라진 오솔길 꾸부정한 발걸음
피리소리 바람타고 돌아서서 간다.

이제는 그만 가야지
이제는 그만 가야지
돌아가는 이 길을
이제는 그만 가야지 하면서

달뜨는 언덕에 피리 불며 간다.
고개 넘어 황토길 터덜터덜 간다.
꼬부라진 오솔길 꾸부정한 발걸음
피리소리 바람타고 돌아서서 간다.

메아리

빛과 어둠은
허허로이 떠다니는 우상이었다.

다시 살아오는 유령처럼
슬픈 눈동자를 죄 없이 사랑하고

파계라 부르지도 못한 체
향기는 페인트 속에 묻히고

도시 저편 황혼마저
대답 없는 메아리가 되었다.

학, 바가지에 수묵화

어리석음

기계부품을 공사일정에 앞서서 미리 발주했다가 예상과 달리 건설공사가 중단되자 그 부품이 쓸모없게 되어 반품처리 되었다.
납품업체는 주문 제작품이기 때문에 반품처리가 불가하다는 것이고 계약불이행에 따른 손해배상으로 위약금과 운송비를 부담하겠노라고 제안했으나 납품업체는 이를 거절하고 대금지급 청구소송을 냈다.
얼마 후 법원에서 소액재판이 있으니 이의가 있으면 재판에 출석하라는 통보가 왔다. 재판에 불참하자 법원에서 기계부품 대금 이백여 만원을 지급하라는 통보가 왔고 대금을 제날짜에 지급하지 않자 컴퓨터 등 사무집기에 붉은색의 법원압류 딱지가 붙여졌다.
그로부터 몇 달 후 여섯 명의 사람들이 사무실에 찾아왔다. 납품업체 직원과 법원경매 담당자와 경매에 응찰하려는 사람들이다.
첫 번째 경매가격이 삼백 여 만원에서 시작되어 유찰된 뒤로 한 달 간격으로 그 사람들이 찾아오기 시작했다. 그 후 벌써 네 번째나 찾아와 경매가격이 이백만 원 이하로 떨어졌지만 또다시 유찰되고 앞으로 가격이 얼마나 떨어질지 그들이 몇 번이나 더 찾아올지 모른다.
그 동안 경매에 소비된 인력과 교통비와 그것으로 인해 소비된 시간 등을 생각하면 그 비용만으로도 이미 기계부품 대금은 넘었을 것이다. 그러나 앞으로 얼마나 더 많은 인력과 시간이 이 일로 낭비되어야 할지 모른다. 이처럼 인생은 어리석기 그지없다. 지금 순간에도 사소한 감정의 불씨를 지피며 곳곳에서 다툼이 벌어지고 법원마다 소송이 끊이질 않으니 바람꽃의 향기는 어디로 간 것인가?

없는 듯이

어느 이름 모를 리조트에 왔다. 밤이 되니 비가 내리고 겨울이건만 한여름에나 있을 듯한 천둥소리가 들린다. 멀리 엠블란스 소리가 뜻 모를 여운을 남기고 사라진다. 불 꺼진 밤이 깊어지니 적막이 주위를 감싼다. 연구소 직원은 뒤척이다 벌써 잠이 들었는지 코고는 숨소리가 한창이다. 점점 거세지는 빗소리가 창밖을 후득인다. 엠블란스 소리가 가깝게 들리더니 멀어지며 밤의 적막이 이어진다.

토요일 밤은 피로를 씻어주는 휴식의 시간이다. 토요일 밤이 지나고 일요일이 지나면 다시 월요일이 시작되고 사람들은 은행통장을 헤아리고 법원소송에 대비하고 바쁘게 하루를 보내다가 일주일이 지나가고 한 달이 가고 어느덧 한해가 가는 세월 속에서 희어지는 머리칼을 쓰다듬으며 속절없이 하루를 되새긴다. 똑같은 일상 속에서 수많은 너를 보고 수많은 나를 만들며 스스로를 속이고 실망하고 분노하고 체념하다가 바람꽃이 되어 돌아와 눕는다. 분주히 살아온 삶의 결과는 무엇인가? 차라리 없는 것이 아닌가? 흘러가는 강물과 바람과 착각된 욕망과 그로 인한 폭풍우와 잠시 피어난 꽃과 해를 보았을 뿐이다. 그것들은 아무 말이 없건만 바라보는 가슴은 끝없이 물음을 던지고 있다.

인생에서 답을 구하는 것은 어리석다. 끝없는 흐름 속에서 유일하게 변하지 않는 답은 오직 허공일 뿐. 바람소리 울고 간 뒤 낙엽지고 다시 꽃은 핀다지만 그것은 답이 아니다. 인생의 비밀은 아무도 묻지 않고 아무도 가르쳐 주지 않는 가운데 없는 듯이 있을 뿐이다.

오고 가는 순간 속에서 그대로의 바람꽃이 피어있을 뿐이다.

기억

컴퓨터 모니터와 휴대폰과 디지털시간들이 탁자 귀퉁이에서 숨을 깜박이고 수치를 따지는 목소리와 서류 넘기는 소리와 삐걱거리는 의자소리가 어우러져 설계사무실의 오후 시간을 엮어간다.
그리고 협상한 일들이 성사될지를 기다리는 초침은 또 하나의 시간으로 뇌리를 채질한다.
피곤한 등을 추스르며 한낮의 더위에 목덜미가 끈적해진다. 내일이면 새로운 무엇이 일어날지 아니 차라리 똑같은 하루가 기다리려니 하는 생각과 계속해서 이어지는 호흡과 순간적으로 오르는 혈압과 체온이 주변의 공간과 어우러져 시간을 견뎌낸다.
건너편에서 의자소리가 계속해서 들리고 안전관리에 대한 이야기가 허공 속으로 안개처럼 피어올랐다가 흩어진다.
점심에 새로 온 직원이 빙긋이 웃고 지나갔는데 웃음이 전하는 뜻은 퇴색되고 타이핑하는 손가락이 컴퓨터 자판기를 속절없이 두드린다. 창을 가린 빗살 틈으로 엷은 햇볕이 소리 없이 빛나고 있다. 고개를 돌리니 다시 빛은 가고 책상위에 그림자만 남는다.
부모형제 친구들의 모습이 투명한 스크린 너머로 기억의 먼 하늘을 맴돌며 하루와 하루를 엮어서 일생으로 밀려온다. 이제 어떠한 언어도 어떤 모습도 의미를 잃는다.
쓰레기가 마지막 대화를 장식하니 더 이상 언어를 버릴 데가 없다. 그걸 어찌할지 말을 주고 받다보니 조금 전의 햇살이 방향을 바꾼다. 환경, 열, 기계라는 단어가 책꽂이에서 문자로 기립한 체 침묵하고 똑같은 일들이 건너편에서도 진행되고 있다. 다시 등이 굽는다. 자세를 바로 잡으려고 심호흡하며 가슴과 배를 밀어 올린다.
무엇이 가치인지는 이제 묻는 이가 없다. 바람꽃은 좀 더 나은 것을 생각하는 행복의 그림자라고 지레짐작하지만 암에 걸린 처를 생각하는 어느 남자의 괴로움과 그 괴로움에 도움이 안 되는 또 다른 괴로움이 언어로 충돌하다가 이내 전화 통화가 단절된다.
책상의 녹색포가 숲으로 위장하고 눈의 착각을 부른다. 그 위에는 유리가 덮힌 체 착각을 비호하고 있다. 바람꽃이 춤사위를 펼치거나 허공 속으로 사라져야 할 터인데 어느 경우에도 하루해를 피할 수는 없으리라.

세월

한세월 지난 일기장을 우연히 펼쳐보니 그때 보다 나을 바 없는 생각이 지금을 되새긴다. 바뀐 것이 있다면 예전에 간직했던 막연한 기대가 사라졌다는 것과 흘러간 세월 동안 짊어진 삶의 껍질과 지나간 세월보다 결코 길지 않은 남은 세월이 낡은 육신과 함께 기다릴 뿐 삶과 죽음, 사랑과 돈에 대한 물음은 예나 지금이나 변한 것이 없다.
한 세월을 훌쩍 뛰어넘고 다가선 현실을 되돌아보면 파격 그 자체이자 침묵 외에 달리 표현할 수 없는 순간의 꿈이다.
그 동안 시련과 고뇌와 희로애락이 있었지만 하루 밤 꿈과 같이 침묵 속에 묻히고 그리고도 부족해서 같은 세월을 또다시 살려 보내야 하는 것이 생의 수레바퀴인가?

무엇을 기대하고 무엇을 이루려 하였던가? 애당초 아무 것도 없는 것이 아닌가?
빈손으로 왔다가 빈손으로 가지만 그 동안 흘린 피와 땀은 구름이 되고 비가 되어 강물을 이루고 바다를 이뤘으니 사는 동안 부른 고함소리와 속삭임은 미풍으로 때로는 폭풍으로 여울져 산을 지나고 숲을 지나서 도시 저편 바람꽃이 되었으리라.

시간

아침 태양이 뜨고 석양이 진다고 똑같은 하루가 지난 것은 아니다. 사람마다 시간은 다르게 흐른다. 허둥지둥 서두른다고 일을 많이 하는 것도 아니다. 서두르면 서두를수록 부족해지는 것이 시간이다. 시간에 쫓기는 인생은 항상 시간이라는 가상의 흐름 속에서 삶의 유혹에 휘둘리기 십상이다.
바람꽃은 시간 속에 피어있는 것이 아니다. 시간에 쫓기는 것도 아니고 시간을 쫓아가는 것도 아니다. 허공에서 순간순간 피어나는 것이 바람꽃이다.
시계 속의 시간은 숫자로 정한 가상의 약속일 뿐 삶을 움직이는 절대적인 기준이 아니다. 바람꽃과 함께 흐르는 시간은 바람꽃의 시간이며 바람꽃이 없는 곳에서 흐르는 시간은 바람꽃의 시간이 아니다.
서두를수록 부족해지는 시간보다 스스로 기울이는 주의력에 따라서 전개되는 시간이야말로 진정한 의미를 갖는다. 시계 속에서 시계바늘이 몇 바퀴 돈 것이 무슨 의미가 있는가? 그것은 바람꽃 사이를 빗겨가는 기계적인 시간일 뿐 살아있는 시간이 아니다.
절대적인 시간이란 없다. 누구에게나 적용되는 시계 속의 시간은 가상의 시간일 뿐이다. 바람꽃마다 시간은 다르게 흐르고 너와 나의 상대적인 관계 속에서 시간이 존재한다.
단순한 삶일수록 시간은 여유 있게 흐르고 복잡한 삶일수록 시간은 부족하게 느껴진다. 꽉 짜인 일정은 숨을 막히게 하고 시간의 미로에서 스스로를 망각시킨다.
부족한 시간에 허둥대는 것은 바람꽃의 진정한 모습이 아니다. 임의대로 흘러가는 시간이 바람꽃에게 무슨 의미가 있는가?
시간은 지극한 주의력 속에서 바람꽃과 함께 피고 질 때에 진정한 의미를 갖는다. 다가오는 시간을 여유롭게 바라보는 것도 달아나는 시간을 허둥대며 쫓아가는 것도 스스로의 마음에 달려있다.
시간은 결코 주어지는 것이 아니라 스스로 만들어 나가는 것이다. 사람마다 느끼는 시간이 각기 다르고 각자의 주관에 따라서 상대적으로 흐르는 것이 시간이다.
호기심으로 매사가 새롭게 느껴지는 유년 시절에는 일년이라는 시간이 매우 천천히 흐르지만 나이가 들어가면서 타성에 젖을수록 일년이라는 시간이 빠르게 흐르는 것을 경험하는데 이는 시간에 대한 감각이 느끼는 주체에 따라서 다르게 흐르는 것임을 보여준다.
고통의 시간은 느리게 흐르고 기쁨의 시간은 빠르게 흐르는 것도 주어진 여건에 따라서 시간이 주관적으로 흐르는 것임을 보여준다. 시간은 느끼는 사람마다 다르므로 시계바늘이 가리키는 기계적인 시간의 틀에 갇혀서 획일적으로 사는 것은 어리석다.
스스로 시간을 다스려가는 여유로움 속에서 진정한 삶의 자유를 누려야 한다. 조급한 마음은 실제적으로 만족한 결과를 가져오지도 못할 뿐만 아니라 오히려 균형을 잃어버리고 잘못된 결과를 초래하기 쉽다.
인도 뭄바이에서는 삼십초 간격으로 열차가 지나간다. 숨 막히는 인간의 물결이 도시를 메운다.
명상의 나라 인도에서 침묵은 어디로 간 것일까?
문명에 홀린 미아가 되지 않기 위해서 빨리빨리 많이많이로 길들여진 마음을 다스리고 단순하고 여유로운 심성으로 바람꽃을 가꿔야 하리라.

일진일퇴

중요하게 생각되던 일들이 그 당시가 지나고 나면 기억의 한 점으로 사라져버린다. 지금 어깨를 짓누르며 책임감으로 느껴지는 온갖 짐들이 세월이 지나고 나면 물거품과 같이 사라져버리는데 그 당시에는 피할 수 없는 절대적인 것인 냥 마음을 졸이게 한다.
시절 따라 변하는 것이 마음이다. 절대적으로 느껴지는 것은 마음의 미혹에서 오는 순간의 착각일 뿐 바람꽃이 피고 지는데 절대란 없다.
어느 사업가가 자동차 생산을 추진하려고 선진 외국업체로 부터 기술을 도입코자 하는데 상대회사는 우선 자동차조립공장이나 하라는 것이다. 마음에 들지 않는 제안을 과연 받아들여야할 것인가 고민하던 사업가는 결국 그 제안을 받아들이기로 한다. 장래의 일보 전진을 위하여 지금 당장 불만을 감수하면서 일보후퇴로 차후를 기약한 것이다.
그 후 회사는 훌륭한 자동차 제조회사로 발전하였다. 만일 그때 제안을 거절하였다면 상황은 달라졌을 것이다. 사람들이 중요하다고 생각하는 일들이 세월이 지나고 상황이 바뀌게 되면 아무것도 아닌 것이 될 수도 있고 그때는 어깨를 짓누르던 의무감이 세월이 지나고 나서 돌이켜 보면 아무 것도 아닌 것이었음을 깨닫게 된다.

지금 마음을 짓누르고 있는 일들이 과연 절대적인 의미를 지니고 있는 것인지 다시 한번 새겨보고 마음으로부터 불필요한 짐을 벗도록 하자.

지금의 처지에서 느끼는 불만족이 일보 전진을 위한 일보 후퇴임을 헤아려 자족하는 것이 바람꽃의 지혜이다.

오늘의 손실이 내일의 이득이 될 수도 있고 오늘의 가치가 내일에는 아무 쓸모없는 것으로 바뀔 수도 있다. 흐르는 바람에 가슴을 열어놓고 한 송이 꽃을 피울 수 있는 마음이라야 온전한 삶을 이룰 수 있다.

8. 인생역전

어느 인디언 부족은 육신의 마음을 죽이고 영혼의 마음을 육신 밖으로 끄집어내서 육신을 바라봄으로 고통을 극복한다.
겨울은 죽음이고 봄은 탄생이며 계절의 흐름 속에서 생사가 이어진다. 홀로 태어나서 홀로 죽음을 맞이하는 피할 수 없는 고독을 자연의 흐름으로 극복한다.
인간은 자연의 일부로써 자연의 소리에 영혼을 교감하며 바람 속에서 꽃을 피운다. 도심 지하철역사에 찬바람이 불면 노숙자들은 갈 곳을 찾아 나선다. 콘크리트의 차가운 바닥이 체온을 보호하지 못한다. 어디론지 떠나야만 한다.
영혼의 마음이 겨울을 넘어서 봄을 찾아 떠난다. 잠은 지속되고 바람꽃은 기다림으로 피어있다. 아직 바람이 부는 것은 살아 있음을 알리고 한끼 식사와 몸뚱이가 돈과 자유를 부둥켜안고 어둠을 이어간다.
한낮은 도심의 하늘에 드리운 번잡 그 넘어 태양으로 남겨진다. 무거운 시간이 철컥거리며 벽을 울리고 지나간다. 창밖에는 사람들의 발자국과 떠드는 소리가 들린다.
긴 머리칼이 소파위에서 잠을 청하고 기우는 하루해는 내일을 향해 어둠을 달린다. 자동차 시동소리가 울린다. 누군가 떠나고 남겨진 자는 말없이 침묵에 휩싸인다.
하루와 한해와 한평생이 거리를 지나고 백발과 함께 늙은 병상의 하얀 눈동자가 되어 어느 이름 모를 요양원 창문 너머로 멀리 생명의 별빛을 가늠한다.

산자는 죽은 자를 기억하고 죽은 자는 산자의 모습으로 기억된다. 거울 너머에서 생사가 만나고 꿈속에서 생사가 하나 된다.

오후의 엷은 햇살은 어둠과 평형을 이루고 바람꽃을 준비하고 있다. 시간이 흐르는 소리가 뇌를 뚫고 침묵을 각인한다.

사람들의 휴가는 끝나고 똑같은 얼굴들이 내일이면 거리에 쏟아질 것이다. 미래라는 꿈은 실상은 지금이었다. 수많은 미래를 꿈꾸어 왔지만 항상 지금이 아니었던가?

영원은 꿈속에 갇히고 현실은 허공인 냥 잡히지 않는다. 영혼의 마음은 어디에서 숨쉬는가?

육신의 마음은 실타래의 세월 속에 혼돈하고 꿈을 쫓는 미로에서 동굴의 박쥐가 된다. 바람소리가 울린다. 안녕하세요?

꿈으로 통하는 동굴 속에서 영혼과 육신이 교차한다. 하나가 둘인 듯이 너와 나로 갈리고 생과 사로 헤어진다.

마음은 오고가도 바람꽃은 그대로 피어있다.

지하도

어둠이 지나간 텅 빈 아침
사거리 지하도에 얼어붙은 꿈
칼바람 소리는 밤새워 울었다.

지나간 세월을 차마 못 잊어
콘크리트 바닥에 기대인 체
생사의 길을 넘어선 것일까?

찬이슬 머물다 간 자리
썽그런 온기마저 사라지고
한 점 거죽은 바람꽃이 되었다.

이혼과 고령화

젊은 층의 이혼율 증가와 노년층의 고령화 현상이 사회적인 문제로 부각되고 있다. 젊은 부부들이 이혼하는 경우가 점차 증가하여 두 쌍 중에 한 쌍이 이혼하는 꼴로 이혼율이 증가하고 한편으로 고령화 인구가 젊은 생산인력에 비하여 점차 증가하고 있다.

이혼 증가율이 농촌 보다는 도시에 많고 도시에서도 안정된 부유층보다 저소득층에서 더욱 이혼율이 높게 나타난다.

이런 현상은 복잡한 도시생활 속에서 안정을 찾지 못하고 경제적으로 어렵게 살아가는 사람들이 현재의 배우자와 살기보다는 차라리 혼자 살던가, 아니면 다른 배우자를 찾는 것이 낫겠다는 막연한 기대심리가 작용한 결과이다. 뿐만 아니라 도시생활에서 사람 간에 만남의 기회가 빈번해지면서 그로 인한 인생역전의 기대심리가 작용한 때문이다.

이혼할 경우에 당사자 간의 문제를 벗어나 자녀문제에 이르다보니 신혼부부들이 자녀출산을 기피하고 이로 인한 신생아 출생률이 감소되어 상대적으로 노인의 인구비율이 증가하고 있다.

향후에는 노인비율이 생산인력의 30%이상이 될 전망이어서 젊은이가 노인을 부양해야하는 부담이 증가되어 사회구조가 악순환의 고리에 빠져들 위험이 있다.

젊은 층의 이혼문제와 노년층의 부양문제는 심각한 사회문제로써 이들 간에는 상호 연관성을 가지고 있다. 이혼율은 삼사십 대 젊은 층에서 가장 많이 발생하고 이혼사유는 가정폭력이나 상대부모와의 갈등 이외에 경제적인 문제가 주요 원인으로 작용하고 있다. 특히 자녀교육비등에 대한 부담으로 자녀출산을 기피하는 경향이 증가하면서 젊은 부부간의 이혼이 보다 쉽게 이뤄지고 있다. 도시의 복잡한 문화구조와 편중된 부의 분배 구조 속에서 저소득층의 상대적인 빈곤감이 상승효과로 작용하여 경제적인 불만을 촉발시키고 이에 따른 이혼율 증가와 이로 인한 출산율 저하가 동시에 맞물려 인구노령화가 더욱 가속화되고 있다.
도시생활은 신용정보화로 더욱 복잡해지고 저소득층의 불만은 가중되고 이혼율은 높아가고 출산율은 떨어지고 노년층은 증가하여 이대로 가다가는 결국 빈곤한 노인들로 득실거리는 황량한 도시가 되고 말 것이다.
이러한 악순환의 고리를 끊기 위해서 서민들의 결혼생활이 안정되어야 하고 한 여성이 평균 두 명의 자녀를 출산하도록 하며 건강한 노후생활을 위하여 산소 호흡기에 의존하여 비정상적으로 생명을 연장시키는 의료행위는 자제하도록 하여 바람꽃이 피고 지듯이 순리에 따라 생사가 순환되도록 하여야 한다.
오는 것을 막지 않고 가는 것을 잡지 않는 자연의 섭리에 따라 봄, 여름, 가을, 겨울이 순환하듯이 인위적인 삶에서 자연적인 삶으로 회복시켜 나가야 하리라.

자살

사춘기에 접어들어 방황하던 처녀가 자살하는가 하면 사업에 실패한 장년의 남자가 자살하기도 하고 가난과 병고에 지친 노인이 자살하는가 하면 최근에는 십대에서 삼십대에 이르는 다양한 계층의 남녀가 인터넷 자살사이트에서 만나 동반 자살하기도 한다.

이처럼 현대 문명의 생활방식이 세분화되고 이웃 간의 인정이 단절되면서 각박한 현실에 적응하지 못하고 자살하는 사람들이 급증하고 있다. 자살할 용기라면 뭘 해서라도 살 수 있을 터인데 라고 산자는 자살을 나약하고 온당치 못한 행위로 치부할 수도 있지만 자살하는 입장에서는 세상과 타협하기보다 세상을 거부하는 능동적인 행위의 표현으로 자살을 시도한다.

세상을 살아가면서 한번쯤 자살의 충동을 느껴보지 않은 사람은 없다. 단지 실행하지 못했을 뿐이지 죽음은 항상 곁에 있다.

오죽하면 하나뿐인 자기 목숨을 끊었을까? 자살하는 사람들의 입장에서 본다면 세상은 그만큼 부조리하다. 생명을 부지하고 살만한 가치가 무엇인가? 하는 삶에 대한 근원적인 물음과 함께 그렇게 서둘러 가야할 이유는 무엇인가? 반문하면서 한편으로 산소마스크를 쓰면서 까지 모질게 생명을 연장하는 노인들은 또한 무엇인가? 되묻게 하는 것이 삶의 계층 간 아이러니이다.

누구나 피할 수 없는 것이 죽음이기에 종착역에 이르러 허둥대지 않도록 죽음을 삶의 일부로 받아들일 준비를 하여야 한다. 사는 동안 육체에 너무 집착하면 죽을 때 육체를 떠나기가 힘들어 진다.

서두르지도 멈추지도 않고 스스로를 향하여 돌아가는 바람꽃의 여여로움을 깨우쳐야 한다.

인생역전

인터넷을 통한 사이버 공간에 자살 사이트가 성행한다. 자살을 계획하고 자살을 도와주고 자살용품을 제공하고 자살 동호인을 결성하고 자살 모의를 하고 마침내 음독자살한 후 지상의 뉴스거리로 등장하기도 한다.

대학입시에 낙방한 여학생이 고층 건물에서 투신자살하고 정치 스캔들에 휘말린 기업체 대표가 강물에 투신자살하고 노사분규에서 노조원이 분신자살하고 농산물수입자유화 반대시위 중에 할복자살하고 이러한 음독자살, 투신자살, 분신자살, 할복자살 등이 곳곳에서 이어진다.

치열한 생존의 법칙 하에 도시의 정글 속을 살아가는 사람들이 어느 순간에 정글의 법칙을 벗어나 자살로 극적인 인생역전을 시도하는 것은 대단한 아이러니가 아닐 수 없다. 삶에 분노하고 삶에 실망하고 삶에 지쳐버린 영혼들이 육체를 거부함으로써 삶에 항거한다. 자살은 죽음을 인위적으로 불러들여 삶에 저항하는 행위이다. 산자는 왜 자살인가 반문하지만 죽은 자는 자살의 당위성을 주검으로 보여준다.

삶의 단절을 향한 고뇌와 충동이 끊임없는 유혹으로 자살을 몰고 와 극적으로 인생역전을 시도한다. 삶에 대한 연민과 죽음을 향한 열정이 충돌하면서 생사의 기로가 뒤바뀐다. 그러나 누구나 한번쯤은 벗어야 할 육체이기에 육체를 벗어 던지는 것만으로 인생역전이 이뤄졌다 할 수 있을까? 허공 속에 피고 지는 바람꽃은 산자 가운데 죽음이 있고 죽은 자 가운데 삶이 있음을 보여주고 있다.

스승과 제자

플라톤은 예술을 이데아의 모방에 불과한 것이라고 하였으나 아리스토텔레스는 시를 역사보다 더 철학적이다 라고 옹호하였다. 이처럼 대조적인 사상에도 불구하고 스승과 제자 간에 서로 이해하고 존중하였다.
플라톤의 이데아는 동양사상의 도에 비유되고 아리스토텔레스의 지족은 동양사상의 중용과 일치한다. 이는 우연한 일치라기보다 인간의 사고에 있어서 근본적으로 동서양 같은 것임을 보여준다. 보이는 것과 보이지 않는 것, 변화에 대한 자각과 변하지 않는 절대에 대한 추구는 공통의 관심사이다.
고금동서를 막론하고 사람들이 추구하고자 하는 생각의 방향은 같다. 일시적인 생각의 차이는 있을지언정 세월이 지나고 나면 이해될 수 있는 것이기에 오늘 상반된 이해관계로 다툼이 있다 하여도 언젠가는 서로 하나에 이르게 된다.
지구상에서 벌어지는 종교 간, 민족 간의 이념전쟁이나 석유를 둘러싼 경제 전쟁이나 그로인한 테러나 정치인들 간의 당파논쟁이나 부익부빈익빈으로 왜곡된 사회적 반목이나 개인 간의 사사로운 갈등들이 인류역사의 큰 틀에서 본다면 찰나적인 오해일 뿐 그때 그 시절이 지나고 나면 모두 다 돌아와 거울 앞에서 스스로를 되돌아보게 된다.
그 때쯤이면 어느 산마루 능선 한 점에 나목으로 서 있는 자신들의 벌거벗은 모습을 바라보며 달팽이 뿔재기와 같았던 지난날의 미혹을 흙에 묻고 바람꽃이 되어 있으리라.

군중 1

경쟁 그리고 기록의 뒤안길로
영웅을 앞세우고 뛰어간다.

유행 속에 버려진 허상으로
군중은 고독 속에 환희하고

다시 돌아와 낡는 자화상에
속절없이 마주하는 그림자

브레이크 없는 게임 속으로
스스로를 잊고 달려간다.

군중 2

족속들이 유행을 만들고
그 족속들의 도시가 밀려온다.
아메바 물결치는 군중 속으로
점점이 흩어지는 사념들
욕망에 묶여 몰려가는 홍수 속에
하늘 바다 구분 없이 혼돈하고
머리와 꼬리가 뒤엉키고
달을 삼키고 별을 삼키고
유행을 넘어서 유행으로
족속을 넘어서 족속으로
무리 져 헤엄치는 유령의 도시여!
울음도 아니고 웃음도 아니고
서로가 부대끼는 소음 속으로
좌표 없는 시간 속에
브레이크 없는 도시는 밀려간다.

9. 남과 여

21세기 초에 이르러 지구상에는 육십억 인구가 살고 있는데 그들 중에서 0.1%에 해당하는 사람들이 40%의 부를 점유하고 있다.
천명 중에 한명이 사백 명이 나눠 가져야할 부를 혼자 독점하고 있다. 사회구조적으로 분배가 적절히 이뤄지지 않는 나라일수록 빈부의 격차는 심하다.
노력과 능력과 기회에 따라서 사람마다 얻어지는 가치가 각기 다르지만 있음이 없음을 낳고 없음이 있음을 낳는 유무상생의 이치를 깨우친다면 가진 자는 갖지 못한 자의 주위를 돌아볼 줄 알아야 하리라.
바람불어 꽃이 피니 바람인가? 꽃인가?

주인

매년 삼월이 가까워지면 회사마다 주주총회가 한창이다. 세계적인 기업이라는 어느 회사 주주총회에서는 소액주주들의 항의가 거세다.
정치자금으로 수백억 원씩이나 줄 돈은 있으면서 주식 당 배당액이 겨우 1%에도 못 미치느냐고 소액주주들의 항의가 빗발친다. 왜 남의 주총에서 떠드느냐고 회사대표가 고함치자, 소액주주들이 소액주주는 회사 주인이 아니냐고 악을 쓰며 맞서다가 진행요원들에 의해 밖으로 끌려

나간다. 추운 겨울을 마감하는 이맘때가 되면 의례히 가진 자와 못가진 자가 돈 때문에 싸운다. 그렇지만 사람들이 콘크리트 건물 안에서 싸움박질 하고 있는 와중에도 해마다 봄은 어김없이 찾아와서 꽃 소식을 전해준다.
사람들이 싸우는 동안에도 바람타고 꽃은 변함없이 피어나서 각박해진 사람들의 심성에 온기를 베풀어 준다. 바람꽃이야말로 진정한 자연의 주인이다.

파업

이익이 일치하면 상하가 합심할 수 있으니 나라는 단합할 수 있고 기업은 성공이 보장된다 하였거늘 세상사 어찌 뜻만 같으랴!
전국 각지에서 몰려든 수만 명의 농민들이 국회의사당 앞에서 농성중이다. 이를 저지하는 전경들은 물대포를 쏘고 농민들은 화염병을 던진다. 밤 깊은 그 시각 국회에서는 농산물 수입자유화에 대한 찬반 투표가 이뤄지고 있다.
농민들의 수익 보장을 위해서는 수입자유화를 반대해야 할 것이나, 공산품 수출 증대를 위해서는 반대할 수만도 없는 처지이다.
돌이켜 보면 집단 이기주의에 의한 시위는 그동안 수없이 많았다. 의사들의 파업에 이어 약사들의 파업, 철도 노조의 파업에 이어 화물연대의 파업, 교육공무원들의 파업에 이어 전국 노조의 파업 등. 그래도 집단행동이라도 할 수 있는 자들은 그나마 힘이 있는 자들이다.

영세한 소상인과 영세업체 근로자들, 집단조차 이룰 수 없이 소외된 소수의 사람들은 농성도 파업도 할 수 없는 처지다. 이렇듯이 삶의 투쟁은 치열하고 지엽적이고 자기중심적이다.
그러나 집단 시위하는 당사자들의 입장에서는 그러한 행동들이 당연한 것으로 받아들여지고 있다. 병든 노인은 거처하던 집을 마지막 남은 재산이라고 움켜쥐고 그 가족들은 노인의 재산에 탐을 내고, 남편의 무능력에 아내는 불만하고, 아들의 주장에 아버지는 실망하고, 이렇게 상반된 이해 속에서 개인이든 단체이든 자기중심적으로 생각하며 살아가고 있는 것이 일상의 모습이다.
이러 듯 다툼들이 도시의 정글 속에서 벌어지고 있지만 저마다 표현의 자유가 지나쳐서 서로의 마음에 상처를 내고 돌이킬 수 없는 세월마저 상처를 내고 만다면 그 대가는 시지포스의 운명처럼 무거운 짐을 짊어지고 원점에서부터 다시 시작해야 하는 것이리라.

인간시장

옛날 중국에서는 전쟁에서 잡힌 포로들의 신체에 화인을 새기고 만리장성 성벽을 쌓는 노역에 종사시켰다. 유럽에서는 아프리카에서 팔려온 노예들이 발목에 쇠고랑을 차고 노역에 종사하였다.
그 후 수백 년이 지난 지금 인간시장에서는 돈을 좇는 사람장사가 성행하고 있다. 노예와 다른 점이 있다면 외압에 의해서가 아니라 스스로 자청해서 이뤄지고 있다는 것이다. 가사를 돌보고 환자를 수발하는 일에서 부터 유통판매, 공사판, 유흥업소, 홍등가에 이르기까지 사람장사의 종류는 헤아릴 수 없이 많다.
인간시장의 직업은 조직에 가입되어 집단을 이루고 있다는 것이 개인 직업과 다르고, 국가조직이 아닌 사조직에 가입되어 있다는 것이 공무원과 다르고, 장기적이 아니고 한시적이라는 것이 일반 직장인과 다르고, 자의적으로 이뤄지고 있다는 것이 노예들과 다르다.
뿐만 아니라 돈을 찾아 몰려든 인간시장이기에 돈이 있는 곳에서는 언제든지 성행하다가 돈의 흐름이 막히면 개인이 먼저든 조직이 먼저든 스스로 소멸하는 특성이 있다.
국가 공무원도 아니고 정규 직장인도 아닌 이러한 인간시장에서 활동하고 있는 사람들이 의외로 많다. 이들이 벌어들이는 소득은 10%에서 많게는 60%까지 조직에 상납되고 많은 조직원을 거느린 조직의 보스는 사람장사로 재미를 본다. 그러나 이렇다 할 직업이 없는 사람들은 굶기보다는 조직의 그늘에서 생존하기를 자청한다.
하루를 벌어 하루를 먹고사는 이들이야말로 인간시장에서 피고 지는 바람꽃이다.

행운

공평하지 않다고 불평하지마라 사람마다 그릇이 다른 것이다. 세계 최고 갑부가 기득권 세력을 옹호하는 말이기도 하고 빈익빈 부익부의 사회적 갈등을 부추기는 넋두리 같기도 하여 듣기에 따라서 거부감을 느끼게 하지만 현실을 냉정하게 인정하는 말이다. 능력도 없는 자가 성공한 자에 대하여 불평하느니 차라리 결과를 인정하고 받아들이는 것이 보다 현실적이다.

백색의 빛이 오색으로 펼쳐져서 바람꽃의 춤사위를 이루듯이 각각의 파장에 따라 표현되는 색깔이 다르고 식별하는 망막의 구조에 따라 오색이 흑백으로 표현될 수도 있는 것이 바람꽃의 실체이다.

바람꽃은 획일성이 아닌 다양성에 근거하며 부의 분배가 균일하지 않은 것은 오히려 자연적인 현상이다. 균일한 분배를 목적으로 한 공산주의의 실패는 인간성이 획일화되지 않는 다양성에 기초하고 있음을 간과한 결과이다.

자본주의에서 성공한 자는 차별을 당연하다고 생각하지만 성공하지 못한 다수의 침묵은 어떻게 받아들여야 하는가?

자본주의에서의 성공, 그러한 성공을 이끈 노력과 능력, 그러한 노력과 능력이 성공으로 결실을 맺게 한 행운은 하나가 성공으로 이뤄지기 위하여 아홉이 실패로 남아야 함을 전제로 한다. 왜 그러한가?

바람꽃은 허공을 배경으로 피어나고, 청소부가 있기에 철학자의 사색이 가능하며, 굶주리는 자가 있기에 배부른 자가 있기 때문이다.

누구나 생존을 위하여 노력하고 있고 부족한 능력도 노력에 따라 개선될 수 있다. 그러나 행운은 어떠한가?

그것은 자연이 시공에 뿌려 놓은 1할의 해택이다. 9할은 생명의 진화를 위하여 항상 긴장 속에 남겨져 있다. 그러니 1할의 행운을 차지한 자들이 불행하지 않다고 불평하지 않듯이 9할의 불행에 놓여 있는 자들은 행운이 오지 않는다고 불평할 일이 아니다.

행운과 불행은 바람꽃의 입장에서는 동등한 것이며 불공평하다고 생각되는 것이 실상은 공평한 것이다.

우열은 질서를 위한 가치를 지니고 가치는 우연 속에서 결정되지만 비롯에서 마침으로 이어지는 지평선이 원이 되어 다시 비롯으로 회귀함은 차별이 곧 평등임을 보여준다.

분배

경제를 살리자는 주제 하에 TV 토론회가 벌어졌다. 학생, 주부, 택시운전사, 중소기업사장, 대학교수, 경제부처 관료 등 각개각층의 사람들이 수백여명 모였다.
대학원을 졸업했다는 청년은 살기 어렵다고 생각하는 마음이 곧 소비심리를 위축시킨다는 것이고, 유통업에 종사한다는 여성 사업가는 정부규제가 심해서 사업추진에 장애가 된다는 것이고, 중소기업을 운영한다는 사업가는 수시로 바뀌는 정부의 경제정책이 투자심리를 위축시킨다는 것이고, 이에 대한 답변으로 정부 관료는 각개각층의 입장을 고루 수렴하다보면 모두를 동시에 만족시키기가 어려우나 어째든 전체 성장률을 5%수준으로 유지하겠다는 것이고, 대학교수는 성장률 몇%가 중요한 것이 아니고 대기업의 수출에 의한 부가 저소득층으로 분배되어 내수를 진작시킬 수 있는 구조개선이 필요하다는 것이다.
돈의 흐름이 정체되고 부가 한쪽으로 편중되면 불균형한 신체처럼 나라의 경제도 균형을 잃는다. 다수를 차지하고 있는 저소득층으로 돈이 흐르지 않으니 소비가 위축되고 소비가 적으니 생산량도 적어지고 생산량이 적어지니 일자리가 줄어들고 일자리가 줄어드니 서민들의 수입이 줄고 실업자는 늘어나서 가용 생산인력이 유휴인력이 되어 전체적인 생산력을 저하시키고 경제는 악순환에 빠지게 된다.

바람꽃이 원활히 피어나기 위해서는 규제보다는 안정에 힘을 기울여야 하고 각각의 경제주체는 주변과 조화 속에서 자신의 가치를 발휘하고 그에 대한 정당한 대가를 추구하여야 한다. 돈이 자연스럽게 흐르도록 경제수로를 구축하여 부가 편중되지 않도록 하여야 한다.

경제는 숫자로 평가하기 전에 심리적인 안정이 중요하다. 일확천금이나 비리에 의한 경제활동은 돈이 흐르는 경제수로를 막히게 하고 그로 인하여 부의 편중과 경제의 원활한 분배를 저해시킨다.

경제의 기본적인 틀은 물의 흐름에서 찾아야 한다.

풍요로움

돈은 돌고 돌아야 돈이다. 돈이 돌지 않으면 돈이 아니다. 제대로 순환되어야 할 돈이 제 기능을 발휘하지 못하고 한곳에 편중되거나 정체되면 결국 부유층과 빈민층 간에 괴리감만 깊어진다. 물이 고이면 썩듯이 정체 상태가 지속되면 바람꽃은 피기도 전에 지고 만다.

대기업체에서 주도하는 반도체, 자동차, 조선, 제철업 등과 같이 기술집약적이고 큰 자본을 요하는 산업은 중국의 경제개발과 맞물려 수출을 증대시키고 부를 창출하고 있다.

한편 중소업체에서 주도하는 섬유, 인쇄업, 철공소 업종이나 택시운전사, 재래시장 소상인과 같이 소자본에 단순 노동을 요하는 분야는 위축되고 있다. 대기업체가 수출로 벌어들인 돈이 중소업체나 서민 소비층으로 흘러들어가 동반 번영하지 못하고 해외 현지투자 형태로 제자리에서 맴돌기 때문이다.

빈익빈 부익부로 이어지는 경제악순환의 고리가 3대에 걸쳐 대물림하고 있다. 분배의 불균형은 사회불안의 요인이 되고 있지만 자본주의 하에서 국가가 개인의 부를 강제할 수도 없다. 중과세 제도나 자의적인 사회 환원에 기대를 걸어 보지만 효과는 빙산의 일각에 불과하다.

예전에 명절 때면 이웃 간에 주고받는 선물이 설탕 한 봉지였던 것을 안다면 지금의 빈곤은 절대적인 빈곤이라기보다는 상대적인 빈곤의 의미가 크다. 빈곤으로부터의 해방은 불필요한 물질적 욕구를 줄이는 것이다. 정신적인 자족이 진정한 의미에서 풍요로움의 기초가 된다.

바람꽃은 궁핍하고자 이 세상에 피어난 것이 아니다. 누구나 마음의 궁핍으로부터 자유롭고 행복할 권리가 있다.

빛과 어둠은 차별이지만 밤과 낮은 교차하는 것이니 행복의 기회는 누구에게나 평등하게 주어지는 것이다.

숫자

야자수 나무 한그루를 벗 삼아 키운 지 몇 달 지났다. 저녁마다 나뭇잎에 물을 뿌려주는데 지난 주말 스프레이 물병이 작동이 되지 않아 살펴보니 물병 사이에 연결된 스프링이 끊어져 있다. 인근 철물상에 가보니 스프링만 팔지 않는다. 다른 데는 멀쩡한데 새 물병을 사는 것이 왠지 아깝다. 물을 뿌려주지 못한 나뭇잎이 생기가 없어 측은하다. 다시 인근 슈퍼마켓을 찾아가서 스프레이 물병을 살펴보니 이천원 미만짜리는 품절이다. 스프링만 바꿔 끼우면 될 것을 이천원도 넘게 주고 사려니 마음이 내키지 않는다.

소풍삼아 십오분쯤 걷는 거리에 있는 대형 할인점을 찾았다. 마침 이천원 미만짜리 스프레이 물병이 한개 남아있다. 스프레이 물병에 생수 한 병까지 사고도 이천원이 안 된다. 멀리까지 온 보람이 있어 스프레이 물병을 들고 돌아오는 발걸음이 가볍다.

가로등 불빛이 미치지 못하는 어스름한 도로변 귀퉁이에 중학생들로 보이는 아이들이 노점상 대열에 끼여 좌판을 벌려놓고 물건을 팔고 있다. 학교에서 학생들에게 사회생활을 실습시키나보다.

천 원씩 인데 팔아주세요! 행인들 발걸음은 바쁘기만 할뿐 아무도 관심이 없다. 내미는 물건을 보니 때미리 손수건이다. 어두운 구석에서 팔면 무슨 물건인지 보이지도 않잖니. 환한데 가서 팔던지 하지. 경험 없는 아이들이 무얼 알까. 쓰지도 않는 때미리 손수건은 필요 없고 둘러보니 샤프연필이 눈에 띈다. 이거 얼마니? 천원이요!

지갑을 열어보니 만 원짜리 뿐이다. 만원은 건네주니 아이가 잔돈을 거스려 주려한다. 거스럼 돈은 필요 없으니 그냥 만원 다해라!

와! 아이들이 동시에 환호한다. 초 여름밤 하늘에 갑자기 바람꽃이 피어난다. 한꺼번에 열명의 손님이 물건을 팔아준 꼴이니 아이들이 감동할 만도 하다. 조금 전까지 이천원도 아까웠는데 이제 만원을 주어도 아깝지 않으니 숫자놀음이란 마음 따라 변하는 것인가?

남과 여

남자는 여자를 갖고 싶어 한다. 여자는 그러한 남자의 마음을 안다. 우선 마음이 열려야 몸을 섞지 라고 여자는 남자를 가르친다. 그러한 여자의 마음을 열려고 남자는 온갖 노력을 동원한다.

숲 속의 작은 새들을 보아라. 수컷이 암컷을 위하여 노래를 부르고 그 노랫소리에도 암컷이 반응이 없으면 수컷은 나뭇가지와 허공을 번갈아 오가며 온갖 날갯짓으로 암컷을 유혹한다.

그동안 암컷은 수컷이 벌리는 노랫소리와 율동을 유심히 바라보며 수컷의 활동능력을 파악한다. 마침내 암컷이 수컷의 노래와 율동에 관심을 보이면 수컷은 정성 드려 마련해놓은 둥지로 암컷을 유인한다. 암컷도 수컷이 필요한 이상 마냥 잰걸음만 할 수 없기에 수컷을 따라나선다. 암컷은 수컷이 마련한 둥지를 살펴보고 마음에 들면 둥지에 머물기로 작정하고 수컷에게 몸을 허락한다. 수컷은 피나는 노력 끝에 드디어 짝짓기에 성공한다.

여자의 마음을 열려면 무릇 남자들은 건강한 신체와 생활능력과 여자가 마음에 들어 하는 거처가 있어야 한다. 이것이 여자를 갖고 싶어 하는 남자들이 갖춰야 할 조건이다.

여자의 마음이란 단순하다. 남자들이 갖춰야할 조건들은 대부분 경제력과 관련되어 있으니 돈 없으면 여자는 꿈도 꾸지 마라는 속언이 숲 속에 사는 새들에게도 도시 속에 사는 남자들에게도 그대로 적용된다.

수컷이 짝짓기에 성공한 뒤 그 후에 전개되는 상황은 자연의 법칙에 따른다. 수컷은 암컷에게 봉사하다 죽고 암컷은 새끼 양육에 봉사하다 죽고 그렇게 종의 진화는 이어져 간다. 현실을 비정하다고 탓하지 마라. 베토벤도 한 여인의 사랑을 얻는데 실패하였으니 닭의 눈에 다이아몬드보다 보리 한 알이 더 소중하게 보이는 것을 어찌하랴! 모순 속에 피고 지는 것이 바람꽃이 아니던가? 그러나 바람꽃은 그 자체를 즐겨야 하는 생존게임이다.

가엾은 남자들이여! 진화의 덫에 걸려 몸부림치는 바람꽃이여!

오늘도 얼마나 많은 남자들이 잠 못 이루며 여자의 마음을 열기 위해 바닷가 해변을 헤매고 있을까?

날개

떠나온 길은 멀지 않건만
부어오른 자궁 부여안고
화살을 주우며 불러본 오빠

산딸기 잃어버린 젖 가슴
브래지어로 동여매고
핏빛 창가에 어릿한 그림자

무너지던 밤마다
몸뚱이가 날개 인양
먼 하늘 사이로 별을 줍는다.

영시

밤은 깊어 영시인데
불빛아래 졸고 있는 그림자
술 취한 몸뚱이가 시 인양
쪽방에 이끌려 껍질을 벗는다.

가냘픈 어깨 위로 바람 스치고
공 테이프 돌아가는 유행가에
유방은 아직도 순결인 듯
찰랑이는 입술에 미소가 맴돈다.

자궁 속에 찢어진 지폐가
사랑을 잉태할리 없건마는
오늘도 꿈을 꾸는 눈동자에
도시의 별빛이 흔들린다.

10. 비정비우

바람꽃은 어디에 피어 있는가? 기만과 선동으로 군중을 사지에 몰아넣는 역사 속의 말재주꾼은 이제 더 이상 바람꽃이 아니다. 일상의 삶 속에서 시련을 함께 즐길 수 있는 자라야 진정한 바람꽃이다.
모든 생명체는 존재의 긴장 속에서 외줄타기하며 살고 있다. 생존자체가 고독이며 시련이다. 시련은 바람꽃에 주어진 숙명이다. 정해진 먹이를 놓고 내가 먹으면 네가 못 먹고 네가 먹으면 내가 못 먹는다.
도시의 정글 속에서 경쟁의 법칙은 그렇게 단순하다. 같은 먹이를 놓고 경쟁하는 한 상대는 언제나 적으로 남는다. 그러나 적을 친구로 삼아 함께 시련을 즐길 수 있기에 바람꽃은 여유롭고 아름다운 것이다.

영웅

군중을 선동하는 자들을 영웅이라 칭하나 이는 일시적으로 나타나는 희소성에 불과할 뿐 희소성은 언젠가는 보편성에 흡수되고 만다.
세계는 보편적인 바람꽃의 무대이며 우등인격이나 열등인격은 바람꽃의 주변 역할로써 존재한다. 한결같은 존재는 희소한 것이 아니라 다수의 물결이다.
희소한 것의 무게 중심은 평범함을 벗어나기 때문에 그 자체의 불균형으로 언젠가는 붕괴된다. 영웅은 상징일 뿐이며 삶은 상징이 아니라 다수를 이루는 평범함이다.
영웅은 또 다른 영웅을 부르며 스스로 사라져 가지만 바람꽃의 춤사위는 시대에서 시대로 이어져간다. 보편성에 적응하지 않는 강자는 보편성에 적응하지 못하는 약자와 함께 무대에서 사라지고 세계는 또 다른 영웅을 부추기고 유혹하는 가운데 바람꽃의 춤사위는 펼쳐진다.

승자와 패자

여당개미와 야당개미 간에 정치자금수수 공방을 벌이더니 급기야 여왕개미 탄핵안이 가결되었다. 개미재판소에서 최종 판결이 날 때까지 여왕개미 권한이 정지되는 파국사태다. 여당개미는 비통해 하고 야당개미는 환호한다.
개미의사당 밖에서는 여왕개미 탄핵안 가결에 찬성하는 개미들과 반대하는 개미들로 양분되고, 반대하는 일부 개미들은 눈물을 흘리고 혈서를 쓰고 삭발을 하고 거리에 모여 촛불시위를 벌인다. 이러한 사태에 대하여 외국 개미들을 우려를 표시하고 개미시장의 주가가 즉시에 폭락한다. 패거리 정치놀음에 개미경제가 어지럽다.
싸움에서 승자와 패자 간에 희비가 엇갈리는 듯하나 어느 누구도 승자가 아니다. 모두가 패자이며 총체적인 손실이다.
분주히 움직이는 개미집단을 보면 실제로 일하는 개미는 일부에 불과하고 쓸데없이 왔다 갔다 하는 개미가 대부분인데 인간집단도 소모적인 속성에 있어서 개미집단과 다를 바 없다. 알맹이 보다 껍질이 더 많고, 해야 할 일 보다 안 해야 할 일이 더 많다면 인간들이 개미보다 나을 것이 무엇인가?

비적비우

오늘날의 미국은 유럽을 넘어서 세계 제일의 부를 축적하고 경제력의 뒷받침 하에 세계 최강의 군사력을 보유하고 있다. 미국의 경제는 엄청난 량의 화석연료를 소비하고 이로 인하여 지구기후변화를 가져왔을 뿐만 아니라 과거 로마제국에 비견되는 세계적인 초강대국의 패권정치를 주도하기에 이르렀다.

한편 중국은 중세시대에 중흥기를 맞이하기도 하였으나 근세에 이르러 서양 열강들의 과학문명이 발달하는 동안 상대적으로 국력이 낙후되어 세계무대에서 한동안 잠자는 사자처럼 침묵하다가 실용주의를 내세우며 현대화에 박차를 가함으로서 중국의 십사억 인구가 거대한 꿈틀거림을 시작하였다.

세계 이차대전 이후 냉전시대에는 미국의 상대역으로 구소련이 존재하였지만 구소련이 붕괴되면서 미국의 패권주의에 대항할 수 있는 유력한 세력으로 중국이 떠오르고 있다.

현재 중국은 경제력이나 군사력에 있어서 미국의 적수가 되지 못하고 있는 것이 사실이다. 그러나 향후에 중국이 세계를 제패하려는 미국의 독주에 대항 할 수 있는 유력한 세력으로 성장할 것이다. 그 과정에 있어서 미국과 중국은 표면상으로 서로의 필요에 따라 상호 협력을 표방하고 있다.

지금 적은 아니지만 언제 적이 될지도 모를 개연성을 품고 있기에 서로 친구가 될 수 없다는 것도 알고 있다. 거대한 세력 간의 충돌은 엄청난 전쟁으로 비화될 수도 있기에 서로 조심스럽게 저울질한다.

친구이면서 적일 수 없기에 친구도 아니고 적도 아니라는 비적비우가 현실을 비껴가려 하고 있다. 그러나 지구촌으로 좁아진 상황에서 모든 생명체는 서로의 체취를 비껴갈 수가 없다.

어떤 형태로든지 서로에게 영향을 주고 영향을 받을 수밖에 없는 것이 허공 속에 피고 지는 바람꽃의 운명이다.

11. 묵향

몸짱, 얼짱이 유행이다. 늘씬한 몸매에 예쁜 얼굴을 일컫는 말이다. 얼굴에서 몸매에 이르기까지 잘 생기려는 관심이 어디 오늘만의 일인가? 수백만 년을 진화하는 동안 개체 간에 우열경쟁은 끈임 없이 지속되어 왔다.

수많은 개체가 군집을 이루는 가운데 모두 다 짱일 수는 없다. 일반 다수 속에서 상대적인 소수만이 짱이다.

모두 짱이라 하면 이미 그것은 짱이 아니다. 짱이란 희소성에 대한 바램일 뿐이다. 그래서 비교 우위를 차지하려는 생존본능이 짱을 부추긴다.

얼짱과 몸짱이라는 외향적인 것뿐만 아니라 돈짱이라는 부에 대한 욕망도 있고 맘짱이라는 내면에 대한 바램도 있다.

어느 주부가 레이저로 박피수술을 하고 얼굴을 마스크로 뒤집어쓰고 다니는가 하면 유방 확대 수술을 한 영화배우가 무리하게 포옹한 나머지 수술부위가 터졌다는 말도 있다. 그렇게 쉽게 고쳐지고 망가질 량이면 진정한 짱이 아니다.

수억 마리 정자 중에 선택되어 태어난 목숨이라고 자랑할 자가 없을 진데 하물며 자궁 밖 세상 놀음에 몸짱, 돈짱이라고 자랑할 것이 무엇인가?

음주

아침 출근길에 아스팔트 보도 위에 취객이 토해낸 구토물이 아무렇게나 버려져 있다. 출근길 인파 속을 떠밀려가면서 피곤한 얼굴로 하품하는 모습들도 보인다. 간밤에 과음, 과로가 불러온 결과이다.

권하는 것을 미덕으로 삼는 음주문화에서는 과음하기 쉽다. 사람마다 체질과 체중에 따라서 음주량이 다를 터인데 술잔을 돌려가며 권하다 보니 주량이 적은 사람은 분위기에 휩쓸려 거절하지도 못하고 그러다 보니 주량이 많은 사람 기준으로 술을 마시게 되고 주량이 적은 사람에게는 과음하는 결과를 초래하게 된다.

다정한 사람과 함께 저녁식사에 한두 잔을 곁들려 마시는 술이야 하루의 일과에서 쌓인 피로도 풀고 혈액 순환을 촉진시켜 건강에도 좋다. 그러나 회식 자리에서 보면 으레히 술잔을 돌려가며 권하다 보니 결국에는 사람이 술을 마시는 것이 아니라 술이 술을 마시는 꼴이 되 버리고 만다.

심지어 대학에 입학한 신입생을 환영한다고 선배들이 과음을 강요하는 바람에 술을 견디지 못하고 사망하는 사례도 해마다 한두 건씩 발생하고 있으니 무모하기 짝이 없다.

피로를 풀려고 술을 마실 수도 있고 흥을 돋우려고 술을 마실 수도 있다. 그러나 술을 마신 뒤에 깨고 나면 알콜에 마비되었던 정신은 다시 되돌아오고 삶의 괴로움은 고스라니 되살아나는 것이니 과음한다고 인생이 근본적으로 해결되는 것이 아니다. 그렇게 하루를 죽이고 또 죽여간다면 바람꽃은 피기도 전에 지고 말 것이다.

술은 체질에 맞게 마셔야 한다. 아무리 좋은 약도 과하면 독이 된다. 술잔을 돌려가며 권하는 미덕이 지나쳐 강요하는 음주문화는 바뀌어야 한다. 첫잔은 미덕으로 권한다 하여도 둘째 잔부터는 각자의 선택에 맡기는 것이 어떠한가?

일등

서양에서 이미 사용되던 웰빙이란 말이 유행하고 있다. 복지, 존재의 완성 등으로 해석되는 이 말의 본 뜻은 끼니마다 유기농 음식을 먹고 저녁마다 요가를 하고 주말에 온천욕을 즐기는 것만은 아니다.
웰빙 아파트에, 웰빙 별장하는 식의 광고에 나오는 부동산 선전은 더욱 아니다. 웰빙이 마치 선택된 소수에게 주어지는 특권인 듯이 잘못 과장되고 있다.
1이라는 숫자가 갖는 의미는 어떠한가? 0과 1로 이뤄진 이진법이 반도체의 혁명을 가져오고 0으로써 상징되는 무와 1로써 상징되는 존재가 메모리 칩에서 수없이 반복을 계속하며 오늘날 일상생활에서 있고 없음을 좌지우지하기에 이르렀다.
이와 같이 있고 없음이 선택 아닌 일상의 흐름일진데 모두 다 1등이 되어 잘 먹고 잘 살아야 하는 것이 웰빙이라면 2등 이하는 무얼 먹고 살아야 하는가? 2등 이하는 아무 것도 아닌 0이란 말인가?
바람꽃은 어디에나 있고 어디에도 머물지 않는 것이기에 특별하게 선택되었다는 착각에서 벗어나 무엇이 진정한 웰빙인지 헤아려야 하리라.

젊음과 늙음

나이를 먹게 되면 육체가 늙는 것보다도 마음이 늙어서 더 문제다. 대부분의 사람들은 나이를 먹을수록 생각이 고집스럽고 편협하고 자기중심적이고 가슴이 메마르고 언행마저 거칠어지기 쉽다.
그렇지 않아도 나이 들면 이빨이 빠지고 머리털이 빠지고 피부마저 주름져 볼품없는 모습으로 변하는데 거기에 생각마저 메마르고 마음마저 거칠어진다면 어느 누가 말 한 마디라도 따뜻이 건네며 노인을 상대하고 싶겠는가?
마음이 늙으면 패기가 사라지고 추억만 남게 되고 주위를 배려하는 마음보다 자신의 안위가 우선하고 아집과 편견 습도락에 빠지기 쉽고 보수적인 입장만을 추구하고 허세로 늙음을 위장하다가 이도 저도 아니 되면 체면 몰수하고 추한 언행마저도 서슴치 않으니 세간에 철들자 망령난다는 말이 바로 이런 노인을 두고 하는 말이다.
이와 같이 추한 늙은이로 생을 마감해서야 인생에서 어찌 아름다운 바람꽃을 볼 수 있겠는가?
세월이 흐른 만큼 나이에 걸맞게 철이 들고 망령됨이 없이 죽기 전까지 청정한 모습으로 젊은이의 귀감이 된다면 설령 외모가 늙었다 해도 멋진 노인이라 할 것이다.
바람꽃의 여여로운 춤사위에 따라 주저하거나 서두름이 없이 사노라면 아무것도 하는바 없이 아니 함이 없는 무위의 삶을 실천하는 것이리라.
이것이 시간의 장벽을 넘어 막힘없이 사는 바람꽃의 초연한 모습이다.
비록 육신은 늙었을지라도 풍상을 살아온 덕스러움으로 마르지 않는

샘물처럼 넉넉한 마음으로 주위를 배려한다면 늙어도 늙은 것이 아니요 항상 젊게 사는 아름다운 삶이리라.

최음

강한 남성이고자 하는 일부 사람들이 성행위시 발기를 오래 지속시키기 위하여 최음약을 복용한다. 발기는 혈액의 팽창력에 의해 지속되는 것인데 약물효과로 혈액순환을 촉진하다 보니 심장에 무리를 주어 부작용을 초래하기도 한다.

한편으로 중국의 황제가 정력증강에 누에를 사용하였다는데 착안하여 누에성분으로 최음약을 만드는가 하면 발기를 지속시키기 위한 여러가지 도구나 약물들이 조루증 남성들에게 사용되고 있다. 일본 속담에도 새벽에 발기가 되지 않는 사내에게는 돈도 빌려주지 말라는 속설이 있다 하여 발기능력은 곧 남성의 상징처럼 여겨져 왔다.

발기는 혈액순환에 의한 팽창과 수축의 현상인바 적절한 발기능력은 건강유지의 지표로 이해될 수도 있다. 그러나 그 맹신의 정도가 지나쳐 회춘한다고 나이 지긋한 노인들이 사슴피를 마신다든가 해구신이라 하여 물개성기를 먹는다든가 별별 요상한 노력을 기울이고 있으나 과연 그러한 노력이 얼마만한 효과가 있을지 분명하지 않다.

남녀 간에 교접하고 사랑을 나누는 행위가 자손의 번성을 위한 것이지만 부가적으로 쾌락을 가져오기에 그러한 집착이 고금동서를 막론하고 많은 사람들의 관심의 대상이 되고 있다.

남녀 간에 육체적인 교감을 즐길 수 있는 것은 자연이 베풀어준 귀한 선물이다. 그러나 자연의 선물을 최음제와 같은 약물로 해결하려 함은 적절하지 않으니 사람마다 스스로 잠재되어 있는 능력을 활용함이 마땅하다.
남성이나 여성이나 성기끝단에 있는 말초신경이 성급하게 자극하지 않도록 먼저 여성의 샘물이 흐른 후에 교접하고 교접 후에는 깊은 상태로 교감한다.이와 함께 뇌로 전달되는 황홀한 감정을 지극한 호흡으로 다스릴 수 있을 때 비로소 바람꽃의 춤사위를 즐길 수 있으리라.

묵향

바람꽃의 춤사위는 갈필에 있다. 바람 한점 들지 않는 비좁은 틈사이로 말달리듯 차오르는 하얀 지평에 머뭇거리지 않는 한줄기 화두가 던져진다.
눈을 감아도 갈필은 허공을 달리고 어둠이 앞을 가려도 묵향은 허공을 휘감는다. 예리한 칼처럼 붓은 허공을 베고 낙점으로 회귀하던 운필은 마냥 아득히 사라졌다. 힘이 있어도 무례하지 않고 유연한 흐름에 막힘이 없으니 순간의 울림은 가히 영원하다.
한 바퀴 원을 휘돌아 멈추는 듯 이어지는 바람은 해가 구름을 가르는 듯 다시 이어지는 곡선으로 여인의 가슴을 넘는다.
검은 머리칼 나부끼며 달리던 산야에 심장의 고동소리 울린다. 불과 찰나에 살다간 자취를 갈필에 묻고 떠나버린 한 호흡은 이제 소식이 없다.

이 밤이 지나 새벽이 되면 피가 배인 자리에 한 자락 검은 짐승이 백지에 몸을 풀고 벽에 걸려 침묵하리라. 선을 넘어 바라보는 눈동자마다 바람꽃을 몰고 오는 뇌우의 골짜기 속으로 해골이 되어 달리리라. 하잘 것 없는 얼굴에 분바르고 묵향에 흩날리는 갈필이 되리라.
이미 살아있음은 멋이다. 백과 흑이 꽈리를 틀고 마주하는 텅 빈 진실이다. 하나 되려고 선을 찾다가 있는 그대로 되어버린 아름다움이다.
둘은 멋이 아니다. 하나이기에 멋이다. 바람꽃을 어찌 복제할 수 있는가? 겁 없는 아이처럼 살다간 노인의 미소는 바람꽃과 함께 사라진 허공의 노래다. 영원히 늙지 않는 바람꽃의 춤사위는 한 점 갈필이면 족하리라.

인경일여

청솔모 달아나는 가지 사이로
하얀 목련 곱게 떨어지고
꽃잎 띄운 연못가에
소나무 그림자 거울같이 맑구나.

먼 산 넘어 봉봉이
구름에 젖 가슴 풀어헤치고
굽이도는 계곡 사이로
어우르는 바람소리 적막하구나.

먹을 갈고 마음을 갈고

벼루에 뜬 둥근 달이 임의 얼굴 같아서
먹을 갈고 마음을 갈고

벼루에 이는 물결이 임의 숨결 같아서
먹을 갈고 마음을 갈고

벼루에 스치는 바람이 임의 노래 같아서
먹을 갈고 마음을 갈고

벼루에 고인 세월 속에 임을 부르니
마음이 씻겨간 빈자리에 학이 날아오르네.

붉은 해를 입에 물고 날아오르네.
날개 짓에 먹물 한 점 날아오르네.

진선미

텅 비어 막힘이 없으니 진(眞)이요
하나 되어 다툼이 없으니 선(善)이요
있는 그대로 꾸밈이 없으니 미(美)로다

좌선1, 도화지에 연필

12. 무엇이 중심인가?

바람꽃의 춤사위는 다양한 모습으로 펼쳐진다. 다양한 모습의 배경에는 허공이 있고 허공은 바람꽃의 근원을 이룬다.
다양성은 획일성과 대치한다. 다양성은 자연적이고 획일성은 인위적이다. 획일성으로 바람꽃의 춤사위를 펼칠 수 없다. 바람꽃은 다양성을 추구하며 획일성을 거부한다.
사람마다 종교의 자유가 있고 지구상에는 다양한 종교가 있다. 그러나 다양한 종교로 인하여 갈등이 빚어지고 지구상에 전쟁이 끊이질 않고 있다. 너의 종교는 죽어야 하고 나의 종교는 살아야 한다는 망령이 전쟁을 일으키고 있다.
지구상의 4대 종교는 신도숫자 순으로 기독교, 이슬람교, 힌두교, 불교 순으로 구성되어 있는데 이들 종교 간의 통합이 가능한가?
종교 간의 통합은 종교 간의 갈등을 해소하고 전쟁을 억제하리라고 기대할 수 있지만 획일화된 단일 종교가 인류를 지배한다는 것은 다양성을 추구하는 자연의 섭리에 부합하지 않는다. 그렇다면 종교 간의 통합을 대신하여 종교 간의 화합은 가능한가?
종교 간에 이해를 통한 공통점으로 모든 종교의 근간을 삼아서 여기에 각각의 특성에 따른 다양성을 상호 간에 인정한다면 획일화를 극복하는 종교 간의 화합이 가능하다. 단일 종교는 아닐지라도 여러 종교 간에 뿌리를 함께하는 종교가 가능하다. 적어도 서로를 죽이는 종교는 면할 수 있을 것이다.
그러나 죽은 종교가 아니고 살아있는 종교가 되기 위해서는 영적인 자유가 획일화된 경전 속에 문자로 갇혀 있어서는 안 된다. 허공 속에 피고 지는 바람꽃이 영적으로 교류하며 순간마다 새로워지는 종교가 살아있는 종교이다.

모든 종교의 공통점은 허공에 있다. 만물은 허공 속에서 하나이다. 허공은 아무것도 추구하지 않는 순수함이다. 무엇인가 추구하면 이미 그것은 종교가 아닌 집착이다.

진정한 종교는 무소무위 허공 속에 다양하게 펼쳐지는 바람꽃의 춤사위에서 찾을 수 있다.

지구촌

중국 교포들에 이어서 러시아 여인들까지 일자리를 찾아 한반도에 유입되고 있으니 가히 지구촌이라 할만하다. 중국교포는 물론이고 동남아시아 각지에서 많은 외국인들이 함께 어우러져 취업 활동을 하고 있다.

지역 간의 교류가 빈번해지면서 점차 조국이라는 의미는 쇠퇴하고 인종과 국가 간의 구별 없이 여러 인종들이 뒤섞여서 일하는 다국적기업의 시대가 보편화되고 있다. 지구는 한 동내처럼 생활권이 좁아지고 경제 흐름에 따라 삶의 이동이 이뤄지고 국가의 의미는 점차 쇠퇴한다.

그러나 부의 편중은 쉽게 해소되지 않을 전망이어서 소수에 의한 경제 지배구조는 향후 인류의 가장 큰 문제이다.

물질의 분배 구조에 대한 경제적 갈등은 종교적인 문제로 비화되고 이에 따라 종교의 재편과 다변화가 가속화 되리라. 인류의 장래에는 이념적인 국가와 민족의 의미 보다 실리적인 경제와 종교의 의미가 점차 부각된다. 강대국들이 중동 유전지역에서 세력을 다투고 이슬람교권과 기독교권 간에 대립하는 것도 같은 맥락에서 이뤄지고 있다.

삶이라는 꿈 1

목이 잘려 고통을 호소하자 바람꽃이 다가와 목을 붙여 준다. 그러나 어찌된 일인지 목을 뒤로 붙여서 얼굴이 등 쪽으로 향하게 되었다. 얼굴이 등 쪽으로 붙어있는 이상한 모습이지만 팔다리를 굽혔다 폈다 할 수 있다. 그런 모습으로 산길을 따라 걷다가 우연히 친구를 만나서 동행하게 되고 어느덧 밤이 되어 동굴 속에서 잠을 청하는데 짐승의 울부짖는 소리에 깜짝 놀라 깨었다. 동굴 밖에서 으르렁거리고 있는 두 마리의 호랑이를 향하여 총을 쏘면서 격투가 벌어졌다. 몇 번이나 호랑이를 명중시켰으나 여전히 호랑이는 달려든다.

치열한 격투 속에서 호랑이를 죽이고 마침내 어둠이 밝아오자 죽은 두 마리의 호랑이가 어느새 바람꽃으로 변신하여 피어있다. 주위에는 긴장이 지나가고 평화로움이 깃든다.

꿈을 통하여 죽음의 공포에 이르게 되면 현실에서 구원을 청하고 심리적인 갈등을 겪게 되지만 투쟁의 상대가 스스로임을 깨닫고 마침내 평상심에 이르게 된다.

삶이라는 꿈 2

남편을 죽인 여인은 자신이 낳은 아들에게 죽임을 당하고 죽음의 피를 이어받은 그 아들마저 스스로 죽음에 이르니 피보라 치는 욕망의 불길은 마침내 재가 되어서야 끝이 난다.
미망에서 깨어나면 꿈인 것을 삶에서 깨어나면 무엇인가?
부어도 넘치지 않고 퍼내도 비워지지 않는 허공에 걸인이 아랫도리 벗고 대변을 본다. 그런 후 열 걸음도 안 되는 나무그늘에 돌아와 누워 잠을 청하니 허공과 걸인 사이에 경계가 있는가? 없는가?

삶이라는 꿈 3

본래 여기 산 것도 늘 살 것도 아니기에
삶이라는 꿈에서 깨어나 몸과 맘의 집착을 끊고
무엇이 되려거나 구하는바 없이
소유하지 않는 사랑으로 지금 순간을 자유하며
있는 그대로 참나를 깨달음으로
일체의 근원이자 영원한 생명인 허공과 하나가 되리라

삶이라는 꿈, 수묵담채화

운명

부와 권력을 얻어 일반인과 차별화된 위치를 확보하고 성공한 계층으로 분류되는 사람들을 대상으로 조사한 통계 자료에 따르면 예상과 달리 그들은 뚜렷한 목표 의식을 가지고 있었던 것이 아니고 주변 상황에 대한 대처능력과 주변 인물들에 대한 관리능력이 남달랐을 뿐이며 더욱이 중요한 사실은 성공의 90%가 운이 따른 결과이었음을 진술하고 있다.

이는 직선적인 목표의식보다 유연한 처세능력이 보다 현실적으로 유효한 것이며 또한 현실은 개인의 의지보다 시운의 흐름에 좌우되는 것임을 보여준다.

살아가면서 어찌 생각도 목표도 없이 살까마는 지나친 목표의식은 오히려 짐이 되어 심신을 피로하게 하고 능률을 저하시키기에 유연한 처세능력이 보다 현실에 부합되는 것임을 보여준다. 인간사에 얽힌 모든 일들은 결국 사람과의 관계에서 이뤄지는 것이니 주변 사람과 원만한 관계를 유지하는 것이 곧 성공을 가져온다.

때문에 내 뜻을 세우는 것도 중요하지만 더욱 중요한 것은 주변을 잘 다스리는 것이다. 바람꽃은 피고 지고 음지와 양지는 교차하며 성공과 실패는 빙산의 형국과 같으니 빙산이 수면 위로 뜨기 위해 그보다 아홉 배나 많은 얼음이 수면 아래에서 머물러야 한다. 이것이 노력이나 의지와 상관없이 전개되는 아홉수의 운명이다. 따라서 양지가 되었다고 일시적인 행운에 희희낙락할 것도 아니요 음지라 하여 핍박받는 신세를 자책할 것도 아니다.

아홉수의 음지는 평범한 위태로움에 불과하지만 아홉수의 음지를 딛고 올라선 하나의 양지는 위태로움 위의 위태로움이니 향후 전개될 운명은 예측불허이다. 원래 모든 존재는 일시적이지만 바람꽃의 춤사위는 더욱 일시적이고 위태롭기에 경이롭기 조차하다.

바람꽃의 변화가 수면에 폭풍을 일으키는 날이면 빙산은 뒤집히고 음지는 양지, 양지는 음지로 반전된다. 개인, 회사, 국가 등 모든 조직체는 우주의 수면위에 한 조각 빙산의 형국으로 존재하다가 마침내 빙산이 광대한 대양의 수온에 녹아 없어지듯이 위태로운 존재의 게임을 마치고 우주의 품에 안겨 한 생을 마감한다.

궁극의 차원에서 볼 때 바람꽃이 피고 지는데 특별하게 선택된 것은 없다. 특별한 너, 특별한 신분 등 세간에 유행하는 특별함이란 선택된 품격이기 이전에 바람꽃의 춤사위에 따라 펼쳐지는 한줄기 바람일 뿐이다.

빈 배

하늘 바다에 수많은 낙조 물들고
기슭에서 기슭으로 세월이 흘러도
빈 배는 그대로 기다리고 있다.

하늘 바다에 수많은 그림자 기울고
안개 속으로 임은 떠났어도
빈 배는 그대로 기다리고 있다.

식과 성 1

유년 시절 성장기에는 식욕이 우선하고 성장한 후에는 성욕이 우선하다가 성욕이 다하면 무엇이 남는가?
식과 성을 추구하는 육체는 살아가는데 필수적이지만 생기가 떠나면 한줌의 흙으로 돌아가고 마는 것이 육체이다.
생기란 살아 있는 기운이며 변화하는 힘이다. 살아 있다는 것은 무릇 생기가 있다는 것이며 생기는 식욕을 북돋우고 성욕으로 넘쳐나기도 하지만 생기가 다하면 식욕도 성욕도 모두 사라지고 만다. 그럼에도 불구하고 살아 있는 동안 부딪치는 대부분의 문제는 결국 식과 성에 결부되어 있다.
육체가 감성에서 이성으로 확장되면서 종교가 탄생하고 철학과 주의가 틀을 형성하고 예술이 균형을 이룬다. 이와 같이 감성과 이성이 어우러지는 과정 속에서 바람꽃은 식과 성을 바탕으로 그이상의 것을 추구한다. 살아있는 기운 속에서 육체와 정신이 조화를 이루며 바람꽃의 춤사위가 펼쳐진다.
주변을 돌이켜 보면 하잘 것 없는 일로 다투고 노여워하는 사람들을 흔히 볼 수 있다. 세월이 지나고 나면 후회하게 될 하잘 것 없는 욕심과 노여움과 어리석음 때문에 스스로 헤어나지 못한 체 괴로움 속에서 살고 있다. 하잘 것 없는 일로 다투는 인생이라면 그런 인생 자체가 얼마나 하잘 것 없는 것인가!
반면에 스스로 목숨을 희생하여 다른 생명에게 은혜를 베푸는 삶도 있다. 언젠가 벗어야할 육체라면 인생을 하잘 것 없는 일에 소모하기보다 보람되게 사는 것이 향기롭다. 자유로운 정신은 삭막해지기 쉬운 일상으로부터 삶을 풍요롭게 해준다.
식과 성이 원초적 본능이라면 허공에 펼쳐지는 바람꽃은 회귀적 본능이다. 육체는 식과 성에 갇혀 있지만 바람꽃의 춤사위는 하늘바다에서 육체의 닻을 거두고 영혼의 돛을 펼쳐나간다.

식과 성 2

인간은 기본적인 노동시간과 수면시간 이외에 남는 여가시간을 무엇으로 보내는가? 사람들은 노동시간과 수면시간을 제외한 대부분의 여가시간을 음식문화와 섹스문화에 파묻혀 보내고 있다.
식은 육체를 유지하기 위한 에너지의 공급원으로 필요하다. 성은 생명의 진화과정에서 종의 번식을 위하여 필요하다. 그러나 실제에 있어서 성은 종족번식 본래의 목적보다 쾌락을 추구하는 방편으로 애용되고 있다.
쾌락은 그 자체로써 의미가 있지만 쾌락에 대한 집착은 삶의 기준을 혼란스럽게 하고 인간을 어리석게 만든다. 만물의 영장으로 진화되었다는 인간이 성에 있어서는 고릴라보다도 진화가 덜 된 것이다. 대다수의 동물들은 성을 종족보존의 본래 목적으로 이용할 뿐이지 쾌락의 대상으로 삼지 않는다.
원래 인류의 조상들도 다른 동물들과 같이 성을 종족보존을 목적으로 지속하여 왔으나 유목사회에서 농경사회로 바뀌면서 생존을 위한 필요

시간 이외의 여가시간이 많아짐에 따라 성을 쾌락의 대상으로 이용하게 되고 점차 성에 대한 인식이 쾌락의 대상으로 바뀌었다.
식과 성을 제외하고 인간이 할 수 있는 것이란 무엇인가?
보리수나무 아래에서 생로병사로부터의 해탈을 구할 것인가? 대륙을 정복하는 야망의 꿈을 키울 것인가? 종교를 만들고 거기에서 신을 찾아 헤맬 것인가? 예술에 도취하고 과학문명에 몰입할 것인가?
사람들은 다양한 방법으로 식과 성으로부터 해방되려고 한다. 그러나 진정한 바람꽃은 육체로부터의 해방이 아니라 육체를 동반하는 생존의 긴장 속에서 피어난다. 육체는 바람꽃의 위대한 스승이다.

식과 성 3

생존의 양대 축은 식과 성이다. 식은 기본적인 활동으로 해결할 수 있지만 성을 해결하는 데는 양상이 복잡하다. 생존을 위한 일차적인 에너지는 식에 의한 것이고 성은 이차적으로 추구되는 것임에도 불구하고 성이 바람꽃의 중심에 깊이 자리 잡고 있다.
모든 문학과 철학과 예술의 저변에는 성이 사랑과 결부되어 꽈리를 틀고 있다. 성은 종족간의 유전자 교환을 통하여 우성의 진화를 위하여 발달된 것이지만 이제 성은 본래 목적 이상의 가치를 추구한다.
암수간의 유혹은 오색의 미적 감각을 발달시키고 바람꽃은 여기에 예술적 의미까지 부여한다. 섹시하다는 말은 이성이 매력적으로 보인다는 뜻으로 통용되고 있을 뿐 아니라 아름답다는 포괄적인 의미마저 내

포하고 있다. 성은 죽음 위에 기초한다. 성행위는 하나의 죽음과 하나의 탄생을 순환하는 행위이다.

성을 통하여 바람꽃이 피어나고 종족의 진화를 추구해나가지만 동시에 진화는 앞서간 죽음위에서 피어난다. 바람꽃이 피고 지듯이 생명은 죽고 또 태어난다.

생존의 역사 위에 한 송이 바람꽃이 잠시 머물다가 사라져간다. 적자생존이나 약육강식 속에서 생명체 간에 서로 경쟁하고 배고픔이 해결된 후에 무료함이 밀려오면 성을 추구한다.

식을 해결함에 있어서는 개체 간에 차이는 없다. 강자나 약자나 식을 해결하는데 커다란 차이를 보이지 않는다. 그러나 성의 해결 양상은 강자와 약자 간에 큰 격차를 보인다.

대부분 무리를 지어 사는 동물들의 경우에 성행위는 무리의 우두머리에게만 주어지는 특권이다. 약자에게는 성행위할 기회가 극히 제한적으로 위축되어 있거나 불가능하다. 종족의 진화를 위한 우생학적 자연법칙인 것이다.

가난한 자가 빵 한쪽을 해결할 수는 있지만 이성을 거느리고 여가를 즐기기란 쉬운 일이 아니다. 약자는 자손을 번식시킬 기회가 그만큼 적어진다.

사랑과 성은 복합적으로 얽혀있다. 성은 육체적이고 사랑은 정신적인 것으로 이해되지만 대부분의 경우 이들 간에 복합적으로 작용하며 성과 사랑을 분리하여 구별하기란 쉽지 않다.

한 쌍이 성행위에 어우러져 있다 하여 양쪽 모두 사랑에 빠져 있는 것은 아니다. 개체는 순간적이고 종족은 영속적이기 때문에 사랑과 성의 부조리가 공존한다.

에너지의 량으로 볼 때 생명을 유지시키는 식이 9할이라면 성에 소요되는 에너지는 1할에도 미치지 못하지만 성문화의 발달로 단순히 식에 소요되는 비용보다 성과 결부되는 비용이 더 많은 기현상을 나타낸다. 성은 그만큼 부풀려 과대 포장된 상품과 같다.

성으로부터의 해방은 진정한 해방을 의미한다. 성으로부터 놓여날 수 있다면 무한한 자유를 얻을 수 있다. 그러나 성은 개체로써 살아있는 동안 바람꽃을 쉽게 놓아주지 않는다. 바람꽃이 성으로부터 해방된 후 남게 될 정신적 육체적 자유 속에서 과잉된 에너지를 무엇을 위해 소비할지 준비가 되어있지 않기 때문이다.

성으로부터의 자유는 허공에 이르는 궁극의 길이다.

선과 악

선과 악은 육체와 마음 사이에서 일어나는 차별상이다.

마음을 벗어나면 선이요 마음에 억매이면 악이다.

좌선2, 수묵담채화

신앙

세상에는 진기한 일들이 많다. 태국에서 어느 비구니가 흐르는 강물에 몸을 누이고 뜬 채로 고요히 합장하며 한 시간가량 견딘 후에 뭍으로 나오자 구경하던 많은 사람들이 그녀의 불심에 존경을 표한다.
그녀는 부처님을 믿으면 누구나 할 수 있노라고 말하지만 일반인들은 믿기지 않는다는 표정들이다.
한편으로 이를 취재한 방송사에서는 신체 전문가를 통하여 분석한 결과 몸에 지방이 많거나 호흡을 깊이 하여 공기가 체내에 많이 들어오게 되면 부력의 효과가 커져서 일반인도 합장한 체 물위에 뜰 수 있다는 것을 실험으로 보여주었다.
사람들은 상식을 벗어나는 현상에 대하여 쉽게 종교적인 의미를 부여하려고 한다. 고금동서에 무속인이 많은 것은 기복신앙에 의존하려는 불안한 심리를 나타낸다.
미혹할수록 무속에 의지하거나 색다른 현상에 몰입하고 싶어 한다. 그만큼 일상이 허전하고 뉴스에 굶주리고 유행으로 외로움을 달래려 하고 그런 가운데 스포츠 영웅을 만들기도 하고 스크린 영웅을 만들기도 하고 심지어 사이버 영웅을 만들어 놓고 열광하며 대리만족한다.
사람들은 마약과 알콜에서 환각을 느끼며 일상의 외로움을 달래보기도 하고 섹스와 도박으로 쾌감을 느끼며 일상의 허망함과 무료함을 달래어 보기도 한다. 그러나 그러한 것은 일시적이며 유행 따라 사라지는 물거품과 같은 것이다.
언젠가는 스스로의 거울 앞에서 바람꽃과 마주해야 할 시간이 반듯이 온다. 온갖 유희 속에서 피난처를 찾을지라도 결국 자신으로부터 도망칠 수는 없다. 제자리에 돌아와 바람꽃이 되어있는 자신과 마주해야 한다. 온갖 잡기로 물 위에 뜨는 것이 아니라 공중에 뜨는 것이라도 그것이 본래의 모습을 대신하여 주지 않는다.
도락과 환희로 스스로의 존재를 만족시킬 수는 없다. 잠시 스스로를 망각시킬 수 있을지언정 스스로에 대한 해답은 아니니다.
애당초 스스로에 대한 물음은 없으며 그에 대한 해답도 없다. 무엇인가를 구하기 위하여 고뇌하고 그 고뇌에서 도피하려고 온갖 잡기나 유행에 몰려다닐 필요가 없다.
텅 빈 대나무처럼 스스로를 비우고 허공에서 흘러오는 바람 속에 자신을 맡기고 무위하면 자연은 텅 빈 가슴으로 바람꽃의 노래를 부르리라.

무엇이 중심인가?

포르노 잡지사에 모텔로 지망한 이십대 미모의 여자는 잡지사 소유주의 호화저택과 호사스런 생활에 이끌려서 육십이 넘은 재벌의 나이에도 불구하고 그와 결혼하였다. 모텔로 지원했다가 어느 날 갑자기 진귀한 새들이 노니는 푸른 정원과 향수뿌린 욕조에서 재벌노인과 살게 된 모텔은 신데렐라가 된 것처럼 행복하다고 말한다.
이것이 여자와 돈과 행복의 관계이다. 같은 시간에 아프리카 대륙의 가뭄은 가난을 대물림하고 있다.
흑인 농부와 아녀자와 검은 피부에 하얀 눈동자만 껌벅이는 아이들. 그들이 살고 있는 황량한 벌판과 열사의 태양. 텅 빈 사막의 지평을 무덤 삼아 죽은 낙타의 사체에서 체액은 이미 증발해버리고 부스러지는 거죽과 뼈는 모래가 되어 바람에 흩날린다. 검은 대륙의 가난과 박토에서 태어난 자들의 숙명이다.

같은 시간에 예루살렘의 성벽에 머리를 기대고 기도하는 사람들. 왜냐하고 물으면 그들은 주저 없이 말한다. 이곳이 세계의 중심이기 때문이라고.

그들이 열망하는 평화의 기도에도 불구하고 기독교도와 이슬람교도 간에 끊이지 않는 전쟁과 무고한 테러 행위는 세계 도처에서 일어나고 있다. 그들은 서로 자신들이 중심이라고 하는 상반된 생각 속에 자신들의 정당성을 주장하고 있지만 그 대가는 항상 죽음을 동반한다.

서로가 정당하고 서로가 중심이라고 주장하는 치열한 삶의 현장을 침묵에 묻고 유구한 세월을 흘러온 지구는 오늘도 육십억에 이르는 제각각 인생들을 품어 안고 무한한 우주 속을 돌며 길고 긴 항해를 계속하고 있다.

바람꽃은 은하계의 어둠 속 수많은 별들의 무리 한 자락 끝에서 흐르고 있으니 호사스러움에 행복해진 포르노 모델과 사막에서 바람이 되어버린 낙타와 성벽에 기대어 기도하는 사람들과 전쟁과 테러로 죽어가는 수많은 영혼들 모두가 이제 서로 중심이라고 말하기 전에 바람꽃의 좌표가 끊임 없이 변하고 있음을 헤아려야 하리라.

춤

바람꽃의 춤사위가 펼쳐지면 밤하늘에 별자리가 뿌려지고 달빛은 구름에 휘감긴다. 삼라만상은 바람꽃의 춤사위에 따라 오색 빛을 뿌리며 모습을 드러낸다.

바람꽃의 춤사위가 깊어지면 안개가 서리고 산은 운무에 가려지다가 빠른 리듬 속에서 폭풍우를 몰아친다. 바람꽃이 무아지경에 이를 때쯤이면 휘몰아치는 춤사위는 파도가 되고 화산이 되어 변화무쌍한 장관을 연출한다.

바람꽃은 자연의 리듬에 따라 수천수만 가지로 분화되어 현상계에 출현한다. 자연의 리듬을 타고 춤이 휘돌아갈 때마다 삼라만상은 모습을 드러냈다가 춤이 멈춰서는 순간 삼라만상은 허공으로 사라진다. 춤사위는 바람꽃의 율동에 따라 펼쳐지고 바람꽃은 춤사위를 통하여 스스로를 보여준다.

바람꽃은 한 자락 한 자락마다 춤사위를 이끌어가니 삼라만상 어느 것 하나 소홀한 것이 없다. 선과 악, 귀한 것과 천한 것이 한데 어우러져 장대한 바람꽃의 춤사위를 연출한다.

바람꽃과 춤 사이에는 주객이 없다. 춤추지 않는 바람꽃이 없고 바람꽃 없는 춤이 없으니 춤사위가 곧 바람꽃이요 바람꽃이 곧 춤사위이다. 바람꽃은 아무 곳에나 있고 아무 곳에도 머물지 않으니 없다가 있고 있다가 없는 듯이 피고 진다.

하나가 되리라

그리스 신화보다 더 오래적부터
수많은 사람들이 임을 부르고 또 부르건만
나는 임을 부를 수가 없습니다.

임이 어디 있는지 볼 수도 들을 수도 없거니와
임이 사는 전설의 땅은 아득히 멀기만 하고
임의 이름을 찾을 길이 없습니다.

수많은 사람들이 임을 부르고
그들 속에서 임은 수천 년이 넘는 세월을 살아오건만
히말라야 동굴 속에서도 하늘 저 편 별들 사이에서도
임을 찾을 수가 없으니
그런 나를 부르는 임의 사랑이 가엾습니다.

임이 나를 삼키기도 전에 내가 임을 삼킨 것이라면
내 속에서 임을 찾을 수 있으련만
임은 끝내 내 속에 있음을 침묵하노니

임은 이미 임이 아니고 나는 이미 내가 아니요
그 옛날 헤어진 조각이 다시 하나가 되리라는 소망으로
임을 잊고 사는 것이
임에게 가깝게 가는 것임을 이제야 깨닫습니다.

KANG TAEWON
2003

3편

삶의 지혜

텅 빔

부족불이

수류화개

하늘반지

행복한 죽음

가깝고도 먼 길

13. 텅 빔

채우면 무겁고 비우면 가벼운 이치를 죽을 때야 깨닫는다.

공산(空山)에 색(色)이 깊으니 빈 거죽이 도(道)일세.

나를 벗고 바라보니 거기에 바람꽃이 있구나.

선, 북위에 묵필

원

직선을 휘어서 원을 그으니
안과 밖이 나뉘고
안은 원안이요 밖은 원 밖이다.
원을 그렸으되 원은 어디 있는가?
경계만 남아
안은 안이 아니고 밖은 밖이 아니니
선마저 묘연하다
이름하여
원은 원이로되 무한량이로다.

참선

모든 것이 선(禪)이다. 나 없이 있는 그대로가 선이다. 지금만이 살아 있는 것이며 과거나 미래도 지금 속에서만 살아 있다. 지금 여기는 영원과 순간이 연결되는 일점. 있는가 하면 없고 없는가 하면 있으니 천지만물 그대로 허공이다.

몸과 맘을 다하여 바라보고 듣는다. 몸과 맘이 우주의 기운과 합일하니 주객이 하나이다. 현상과 실제는 둘이면서 하나이며 하나이면서 둘이다. 자연의 리듬을 타고 바람꽃의 춤사위가 펼쳐진다. 한 호흡 지극한 정성에 바람꽃이 피고 진다.

도심의 혼잡을 벗어나 도착하니 경내는 조용하기만 하다. 흩날리는 눈발이 가득히 밤하늘을 수놓는다.

밤 아홉시에 시작해서 새벽 세시에 끝나는 참선을 위하여 선원의 불빛이 고요히 어둠을 밝히고 있다. 선방에 들어서니 외국인 스님을 포함해서 삼십여명이 모여 있다.

죽비소리에 참선은 시작되고 벽을 향한 공간 속으로 침묵이 흘러간다. 만법귀일 일귀하처 시간이 흐르면서 화두는 점점 벽 속으로 사라지고 일상의 문제가 화두를 대신한다. 지금 하는 일을 계속해야 할 것인지, 그만둔다면 무엇을 해야 할 것인지.

반가부좌로 시작된 통증이 깊어지고 어깨가 저려온다. 입안에 고이는 옥침을 나눠 삼키며 심신을 가늠해보지만 흔들리는 마음은 허공을 헤매고 하얀 벽이 몸과 맘 사이를 오르락내리락 할 때쯤에야 죽비소리와 함께 침묵에서 깨어난다. 모두 긴 숨을 몰아쉬고 얼굴을 부비고 다리를 주무른다. 그리고 십 분가량 선방을 배회하듯 줄지어 걷는다. 죽비소리가 울리고 각자 제자리에 돌아가 참선에 들어간다. 밤 열시를 가리키는 괘종시계가 속절없이 울린다.
침묵과 혼돈, 죽비소리와 함께 다시 한 시간이 지났음을 알린다. 그리고 또다시 죽비소리. 그렇게 침묵과 숨소리와 텅 빔 속에서 자정 열두시가 넘어서고 있다. 참선의 중반이 지나고 있는 것이다.
새벽 세시 참선이 끝났을 쯤에는 인원이 반절로 줄었다. 참선을 마치고 선방 내리막길을 돌아서니 벌써 새벽 예불을 드리러 사람들이 경내로 올라온다.
오가는 마음에서 무엇을 보았는가? 꼭두새벽 허공에 하얀 바람꽃이 흩날린다.

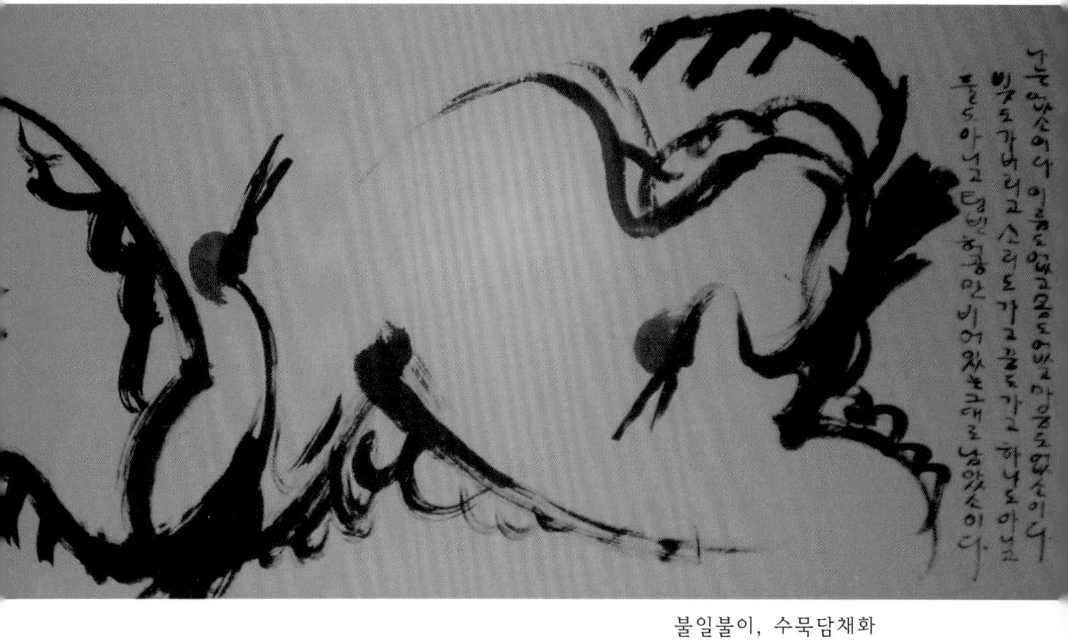

불일불이, 수묵담채화

벽

뚫어져라 바라보니 공산(空山)이요
마음 안에 머무르니 생멸(生滅)이라

저 건너에 무엇이 있을까 하니
허공 앞에 벽이로다.

오고 간 것 없이 무구하고
바람소리에 공산이 와르르

깨어보니 온데 간데 벽은 없고
황소타고 가는 것은 왠 놈인가?

공산 1

하늘이 열리고

잔잔한 미소가
노을 지던 날

한 호흡 찰나에
빈 거죽 벗고

공산을 넘어서
궁극에 이르니

허공 속에 핀
바람꽃이여!

공산 2

공산에 달뜨면 어둠은 푸르르고
교교한 달빛에 대지는 고요한데
공산에 걸린 가슴 오가지 못하고
잃어버린 꿈들로 긴 밤 지새우다
달빛에 흠뻑 젖어 구름이 된다.

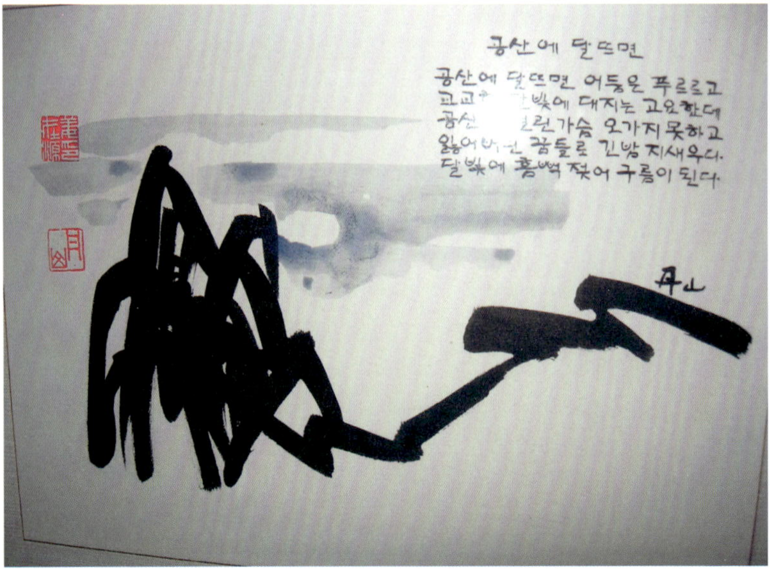

공산, 수묵담채화

빈잔

빈 잔을 정갈히 하니 탐욕이 사라지고
허공을 마시니 정기가 맑다.

나를 바라보고 세상을 바라보고
무애인 듯 침묵인 듯 하여라.

어느 곳에나 있고
어느 곳에도 머물지 않는 바람처럼

소유할 수 없고
소유되지 않는 것이 나일지니

작위함이 없이
만물은 그대로 온전하고

육체가 벗어지듯 마음도 그러하니
사라진 마음에 생사가 없구나.

텅 빔 1

넘침은 부족함만 못하니 넘쳐나는 쓰레기는 비워야 한다. 들숨에 하나를 품고 날숨에 둘을 비운다. 길을 걷다가도 일을 하다가도 하나를 품고 둘을 비운다.
그러노라면 결국 텅 빔만이 남게 되고 차별은 하나가 된다. 하나가 텅 빔이요 텅 빔이 하나다.
텅 빔 속에는 시공의 구분이 없으니 과거와 미래의 구분도 없다. 텅 빔 속에는 모든 차별이 녹아서 하나로 비워진다.
삶이란 태어남과 동시에 둘이 되었다가 하나로 돌아가는 과정이다. 텅 빔을 통하여 생과 사, 과거와 미래, 시간과 공간, 존재와 무, 현상과 실제 등 온갖 이중성이 합일한다. 합일이 곧 텅 빔이다.
전화가 울린다. 친구가 죽었으니 함께 문상가자는 연락이다. 현관문을 통하여 한 여자가 나간다. 집안이 텅 빈다. 언제 돌아올지 모른다.
잠시 후에 초인종이 울린다. 이번에는 한 남자가 밖에서 누군가를 부른다. 옆집에서 대답이 들리더니 다시 인기척이 없다. 주위는 다시 텅 빈다.
바람꽃은 텅 빔으로 시작해서 텅 빔으로 끝난다. 무엇이 되려거나 구하려고 달려가지만 직선을 그어서 원에 이르니 마침내 제자리에 돌아와 텅 빔만이 남는다.

텅 빔 2

모든 것은 이미 온전하다. 지금 이후에 모든 것이 뒤바뀐다 하여도 온전함은 그대로다. 바람꽃은 지금 여기에 피어 있으니 미래의 일로 지금을 잃어버리지 말라. 현실은 지금이고 미래는 가상의 것이다.

과거의 기억에 사로잡힌 정신은 오지 않은 미래에 집착하거나 지금을 망각하기 쉽다. 시간이 흐르는 것은 오직 지금을 보여주기 위함이다. 모든 시공(時空)은 지금 순간에 있다. 과거도 지금에 있고 미래도 지금에 있다. 시간은 하나로 흐르고 만물은 시간의 흐름 속에서 다양하게 나타난다.

예술과 종교는 다양성에 기초한다. 법에 매인 예술, 교리에 매인 종교는 죽은 것이다. 명곡은 명연주를 통해서만 부활한다. 지금 삶 속에 정열이 없다면 창조는 없다. 오지 않은 미래를 위하여 지금을 망각하는 것은 죽은 정신이다.

바람꽃은 미래에 있는 것이 아니다. 바람꽃은 오직 지금 속에서 현실과 상상의 세계를 하나로 보여준다.

생명은 누구를 위한 것이 아니라 스스로를 위한 것이다. 스스로를 창조해 나가는 것은 개체가 전체와 하나가 되는 길이다. 하나됨은 시간을 초월한다. 시간을 초월한 궁극의 존재는 허공이다. 허공과 하나 됨이 자기완성이다.

허공은 텅 빔 그대로이다. 텅 빔은 순수무구하다. 텅 빔은 미소 이외에 달리 표현할 길이 없다. 오직 미소만이 허공을 표현한다. 허공의 미소는 바람꽃의 춤사위로 펼쳐진다.

순간의 존재는 언제라도 사라질 수 있기에 아름답다. 순간은 창조의 근본이며 창조는 텅 빔 속에서 이뤄진다. 텅 비어 있기에 자유롭고 자유롭기에 창조가 있다.

허공 속에 피어나는 바람꽃은 존재를 행복하게 하고 생사를 축복해준다. 허공 속의 바람꽃은 생명의 신비이다.

빈잔, 수묵담채화

텅 빔 3

나는 없소이다.

이름도 없고 몸도 없고
마음도 없소이다.

빛도 가고 소리도 가고
꿈도 가버리고

하나도 아니고 둘도 아니고
텅 빈 허공만

비어 있는 그대로 남았소이다.

텅 빔 4

하루의 길목에서 만남은
거울 속 세상의 그림자라

꿈같은 한세월 언덕에 쉬고
살아온 길을 되돌아보니

누군가 행복했던 것이라면
그것으로 지족인 것을

무엇을 더 구하리
오갈 것 없는 텅 빔 속에서

불사조

허공은만물의어머니용서함도사랑함도지극하여라
외로울때친구가되어줄수있는건허공과바람뿐인데
헤진얼굴들세월에지고체취와온기는가슴에묻었다
생명이빛속에서잉태하니빛은어둠에밀려긴장하고
수많은언어들이칼날위에춤을추며형상을조각한다
지평선너머로그림자기울면침묵은고요히밀려오고
순간은영원을남기지않고바람은허공속에꿈을꾼다
천지에펼쳐진오색의정열은한자락춤사위를펼치고
죽어도또죽어도유혹은시작되어그리움은꽃이되니
비로소불사조는한줄기바람으로허공속을날아간다

인생

조급하지마라. 잃고 얻음이란 스쳐가는 바람일 뿐 달라질 것은 아무것도 없다. 인생의 절반은 낭비가 아니던가?

무엇을 이뤘다고 한들 그것은 시작에 불과하다. 바람꽃은 긴장 속에서 피어나지만 긴장이 전부가 아니다. 시간이 지속된다면 착각이다. 바람꽃은 한 호흡에 피고 지는 흐름이다. 바람꽃은 허공에 펼쳐지는 춤이자 찰나의 꿈이다.

인생은 생각하는 것처럼 그렇게 중요한 것도 그렇다고 허망한 것도 아니다. 얻는다고 행복해지고 잃는다고 불행해지는 것은 더욱 아니다. 인생은 오색의 마법에 거린 인형도 아니고 오감에 흔들리는 허수아비도 아니다. 괴성과 몸부림에 잃어버릴 영혼은 더욱 아니다.

텅 비어 막힘이 없고 하나 되어 다툼이 없고 있는 그대로 꾸밈이 없으니 인생이란 가히 바람꽃이다.

네가 너를 떠난다면

한세상 사는 것이 이리도 서러워서
스쳐간 군상들 추억만 남기고
아련히 사라진 멀고도 짧은 세월
남은 것은 거칠은 호흡과 지친 심장뿐
육신만이 짐이 되어
거울 앞에 다가선 인생이여!
무얼 찾아 왔는지
낯설은 모습이 서럽기만 하구나
살아온 길이
선과 악, 죄와 벌 속에 갇혔어도
진정한 네 모습은 그것을 넘으리니
눈뜨면 보이고 눈감으면 사라지는
꿈속의 세상에 걸쳐진 구름다리
강 건너 저편으로 열차는 가고 또 온다.
죽음이 서러우냐? 삶이 서러우냐?
삶 속에 혼을 묻고
혼마저 강산에 흩어지면
이름 모를 무덤가에 바람꽃은 피리니
조상의 자손아!
끝없이 흐르는 강물을 보아라.
바람을 보아라.

머물지 않는다면
네가 너를 떠난다면 무엇이 서러우랴
타오르는 혼이여!
사라져 재가 되어
강물 따라 바람 따라 한없이 흘러라
막힘없는 인생이여!
오갈 것 없는 인생이여!
네가 아닌 인생이여!
꿈이 아닌 꿈이여!
강물이여! 바람이여!
영원하여라

14. 부족불이

삶이란 바람 속에 피어나는 꽃.

소유할 수 없기에 사랑스럽고 머물지 않기에 아름다운 꽃.

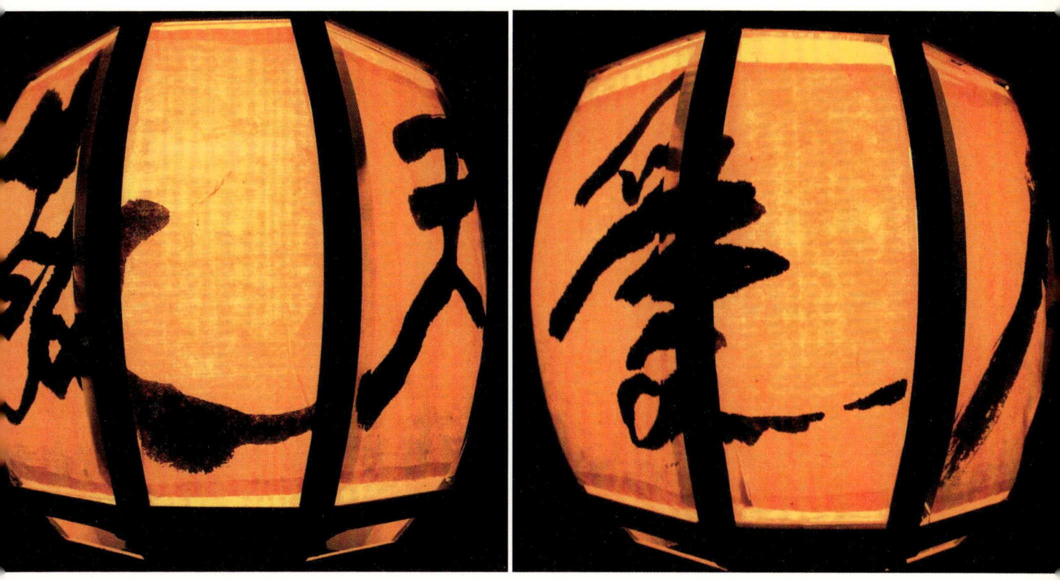

경천애인, 팔각등에 묵필

수평선

진정한 삶은 막힘이 없다. 죽음으로 막히는 삶이라면 그것은 육신에 매인 삶이다. 애당초 삶이란 내가 되고자 하여 태어난 것도 아니고 원래 없었던 몸과 맘이니 그물에 걸림이 없는 바람이다.
삶이라는 꿈속에서 스쳐가는 바람일 뿐이다. 육체적인 환상이 전부인 양 유혹하여 삶을 착각에 빠지게 한다. 삶과 죽음 사이에 막힘없는 것이 바람꽃이다.
감각기관이 지배하는 세계는 삶과 죽음의 세계이자 이원론적인 세계이다. 이원론적인 세계는 대립과 다툼의 세계이며 상대적인 세계이다. 육신을 입고 있는 한 상대세계를 벗어날 수는 없다. 대립과 다툼을 극복하고 삶과 죽음의 대립을 하나로 조화시켜 품어 안을 때 진정한 바람꽃이 피어난다.
하나로 품기 위하여 이념과 주의, 신념 등을 버리고 있는 그대로를 바라보아야 한다. 현상계는 더 이상 산과 골로 대립되는 파도가 아니며 파도에서 파도로 이어지는 수평선이다. 있는 그대로 바람이요 꽃이다.

설레임

가슴을 설레게 하는 것이 무엇이던가? 직장에서 일을 배우고 사랑하는 사람을 만나서 아이를 낳고 아이가 자라서 결혼을 하고 그렇게 살아온 세월들이 전부인가?
삶은 체바퀴처럼 반복되고 있지만 태양은 언제나 새롭기만 하다. 여명이 어둠을 헤치고 삼라만상을 깨우는 순간 이름 모를 죄인은 죽음을 맞이하고 독수리는 황금 햇살을 받으며 창공을 날았다.
삶과 죽음은 하루해의 꿈이다. 삶은 어디서 와서 어디로 가는가? 지금 황혼에 기우는 그림자를 바라보는가? 지평선에 차오르는 여명을 바라보는가?
인생은 강건해야 팔십 수이거늘 수십억 년 타오르는 태양에 비하면 지상의 세월은 티끌이다. 만물은 황혼과 여명 속에 생멸하고 있지만 태양은 언제나 새롭게 타오른다. 어제의 황혼은 지고 밝아오는 여명은 모든 생명에게 태초의 빛이 되고 있다.
가을 들판에 이삭이 고개를 숙이고 오수를 즐기던 노인이 고요히 숨을 거두듯이 모든 생명은 서두르거나 멈추지 않고 스스로를 향해서 돌아간다.
삶에서 무엇을 얻고 무엇을 잃으리! 이제 죽어 작별한다 하여도 사는 동안 바람꽃을 보았다면 그것으로 행복이요 기쁨이리라.

부즉불이

삶이 무엇인가? 지금 있는 그대로가 삶이다. 어제 서로 합의하고 내일 다투는 것이 일상의 삶이지만 생의 수레바퀴는 멈추지도 않고 지면에서 떨어지지도 않고 부즉불이(不卽不離) 굴러간다. 혼자 살 수 없으니 서로 어울리지만 어울려도 하나가 될 수 없으니 외롭다.
삶, 그 자체는 행복한 것도 불행한 것도 아니다. 삶은 죽음 속에서 피고 죽음은 삶 속에서 피어난다. 모든 것은 역설적으로 흐르지만 서로가 서로를 있게 해준다.
이름 모를 산사에 핀 들꽃은 살아있는 기쁨을 속삭이며 수레바퀴의 운명을 그대로 받아들인다. 꽃이 진다고 아주 지는 것이 아니다. 꽃잎 저버린 침묵 너머에 생명의 바람꽃은 다시 피어난다.

변화

흐르는 세월을 두고 혹자는 실패와 성공이라 하고 혹자는 탐진치라 하고 혹자는 영원과 순간이라 한다.
태양이 황도를 따라 하늘에 포물선을 그으며 지나가듯이 인생도 허공에 포물선을 그으며 지나간다. 물이 흐르고 바람이 불고 계절이 바뀐다. 시절 속에서 꽃은 피고지고 아이의 웃음소리도 언젠가는 노인의 추억이 된다.
흘러오는 구름을 품어 안고 흘러가는 바람을 떠나보내며 순간은 침묵한다. 수천 년의 역사를 지나온 문명도 풍상에 서걱이는 모래가 되고 티끌이 되어 사라진다. 바람꽃은 순간 속에 피고 지고 순간은 지속될 수 없는 전부이다.
사랑도 변한다. 아름다움도 변한다. 수많은 나체가 뒤엉키는 갠지스 강가에서, 포로들의 주검이 산화하는 수용소에서 순간은 영원처럼 흐른다. 흐르는 것, 머물지 않는 것이 바람꽃의 운명이다.

하루

인생이란 복잡한가? 하루처럼 단순한가? 지나간 과거는 거울일 뿐 집착의 대상이 아니다. 그런데도 사람들은 과거에 집착하여 그물에 걸린 그림자를 보며 착각 속에 산다.
과거는 이미 지나가고 없다. 미래도 아직 오지 않은 그림자에 불과하다. 과거의 기억과 미래의 일로 현재를 망각하는 것은 어리석은 일이다. 과거도 지금의 과거요 미래도 지금의 미래다. 이미 사라져버린 추억의 그림자에 억매이거나 아직 오지도 않은 미래의 그림자로 걱정하는 것은 옳지 않다.
인생은 하루로 시작해서 하루로 끝난다. 과거에 집착하거나 미래를 걱정하는 것은 하루같이 짧은 인생에서 바람직하지 않다. 인생은 과거도 아니고 미래도 아니다. 오직 오늘 속에 살아 있다. 인생은 하루와 같다.
요즘은 수명이 늘어나서 사고를 당하지 않는 한 팔십세는 족히 산다. 세계 여러 지역에서 백세 넘는 노인도 적지 않게 생존하고 있다. 그러나 장수하는 것보다 사는 동안 삶의 질이 중요하다.
육체적인 절정은 이십대이고 과학적인 사고력의 절정은 사십대를 넘지 않으며 예술적인 영감도 육십대이면 절정기를 지나고 있다 할 것이니 개개인 차이는 있지만 인생 육십이면 절정기를 지났다고 할 것이다. 그런데도 대부분의 사람들이 육십 세가 넘도록 인생을 정리하지 못하고 천년만년 살 것 같은 착각 속에서 산다.
하루 같은 인생에서 무엇을 구하고 무엇을 얻으리. 육신을 비워야 할 순간에 마음마저 비울 수 있는 바람꽃의 여유로움은 어디로 간 것인가?

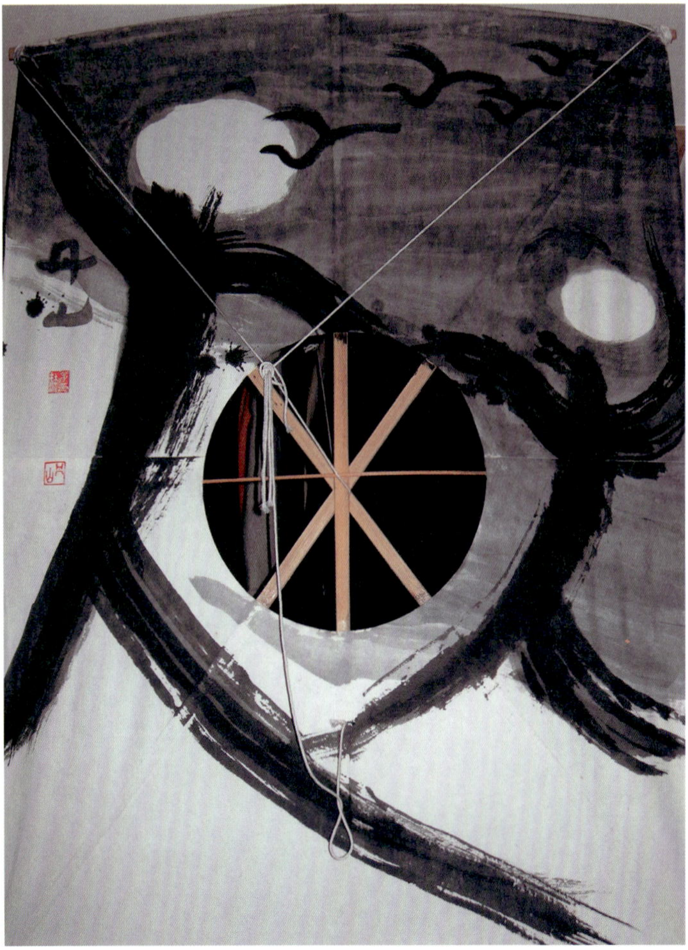

仁, 연 위에 수묵화

삶 1

인생에서
오고감이 무엇인가?

쉬임없는 세상
번잡에서 놓여나니

허공 속에
한점 바람이라

오지 않는 인연에
애달파하지 않고

다가서는 인연에
마다하지 않으니

있는 그대로
여여로운 삶이어라

삶 2

아직 살아 있다는 그것만으로 위안을 삼는다면
자신을 속이는 슬픈 일이다

살아있음이려니 하면서 죽지 않음에 삶의 의미를 둔다면
널 속에 잠자는 몸뚱아리일 뿐

길가에 주검을 보며 죽음은 어느 때고 다가오려니
매달리는 여인인 냥 버려두고

붙잡지 않으면 날아가는 파랑새인 냥
우선 삶에 매달려

일방으로 스쳐가는 시간 속에서
죽음은 무상 삶은 유상이라고 지레 짐작하고

아직 살아있다는 그것만으로 위안을 삼는다면
자신을 속이는 슬픈 일이다

창고에 쌓인 식량처럼 어느 때고 꺼내먹는 삶이라면
순간순간 솟아나는 향기는 어디에 있을까?

다가설수록 멀어지는 허상일 뿐
삶은 창고에 싸놓는 것이 아니요

가꾸는 데로 향기 피어나서
순간순간 채워지는 안개 꿈과 같은 것

그래서 더욱 아름다워지는 것이 삶이리라

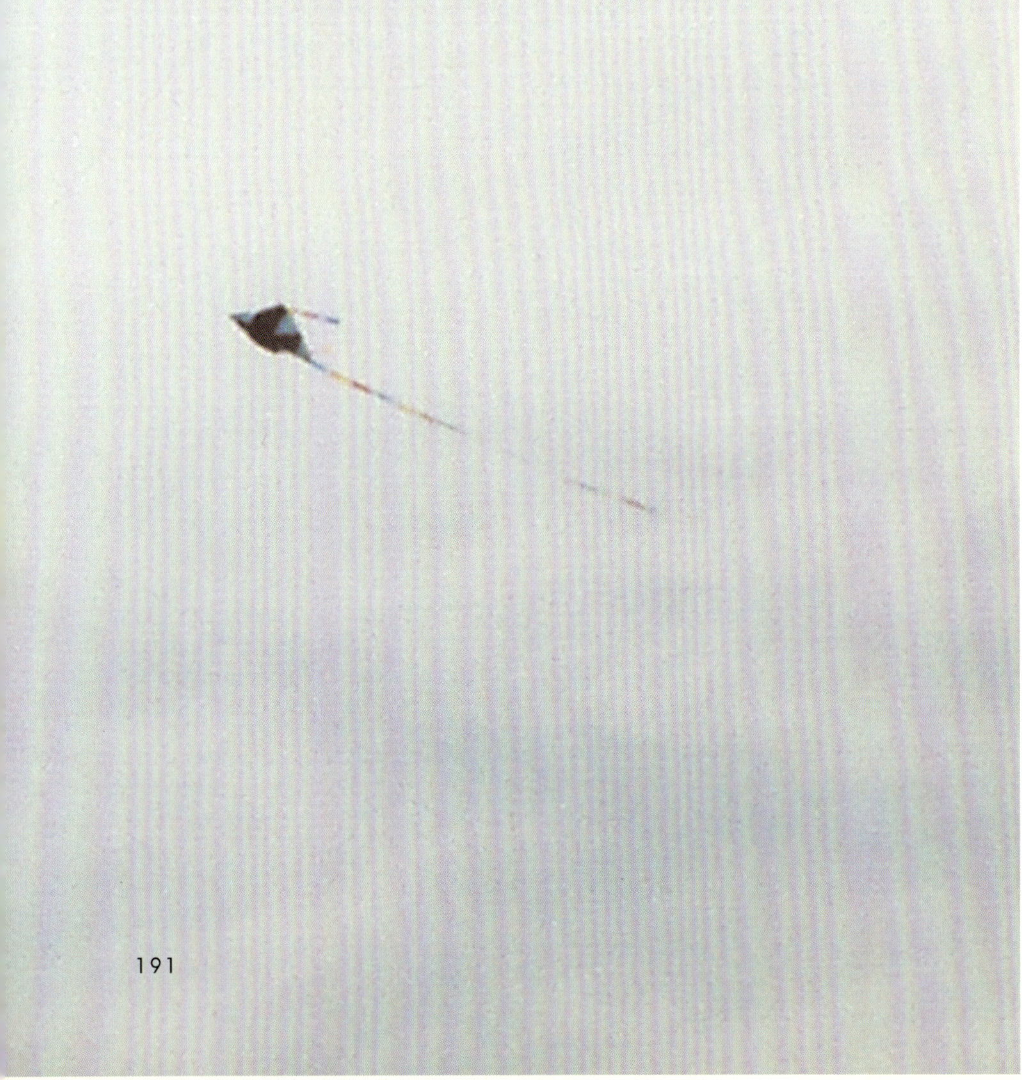

삶 3

온 밤을 헤매며
저승 아이들과 놀곤 했는데
이미 세상 언어가 아니었다.

술과 독에 실려 갈 때도
차마 어찌하랴 하였고
다시 돌아와 미안하다 할 때도
충고는 의미를 잃었다

피로 물들어 실려 갈 때도
차마 죽을 리야 하였지만
다시 돌아 온 미소는
방황과 번민뿐이었다

그러다가 허공으로 달려가고
다시 돌아오지 않았는데
생사의 오고감은 단순하였다

삶 4

오늘 하루가 너에게 묻고 있다
인생을 낭비하지 않았느냐?

수많은 날들이 기억 속에 지워지며
사소한 일들로 흘러간 세월들

어느덧 황혼이 어둠에 묻히고
낯설은 얼굴로 돌아와 눕던 날

너에게 맡겨진 한 폭의 캔버스에
무엇이 그려져 있을까?

삶 5

삶이여!
죽음 속에 피어난 이슬이여!
위태롭고 경이로운 꽃이여!

육신이여!
허공 속에 쏘아올린 화살이여!
거울 속에 드리워진 그림자여!

사랑이여!
순간마다 머무는 바탈(性)이여!
나를 벗고 네가 되는 순결이여!

자유여!
가슴 속에 타오르는 혼불이여!
재가 되어 흩어지는 바람이여!

죽음이여!
삶을 잉태하는 여신이여!
영원한 침묵의 눈동자여!

삶 6

비 오는 날 태어난 하루살이는
온종일 빗속에서 일생을 보내고

청명한 날 태어난 하루살이는
온종일 햇빛에서 일생을 보낸다.

빗속의 일생도 한 생이요
햇빛 속의 일생도 한 생이니

어인 분별로 하루해를 탓하리.

삶 7

새가 날아오르는 것은
숲이 그립기 때문입니다.

새로울 것 없는 계절은
마냥 여름인 냥 푸르고

아이가 창공을 날아가니
생사는 단순하였습니다.

바람인줄 어찌 모르고
삶이라 하겠습니까?

순간은 그런 것이려니
침묵은 하늘이 되었고

달이라 품어 안던 세월은
기다림 뿐이었습니다

고개 넘어 장승도
부질없는 이름뿐이었습니다.

이제 무영탑을 돌아보니
그림자는 보이지 않습니다.

아무것도 없는 것은
그대 늘 곁에 있음이려니

삶 8

앞서지 마라.
가벼움에 방황하리라

구하지 마라.
무거움에 고뇌하리라

평상심이
삶의 지혜이리니

장승, 수묵담채화

삶 9

아이들은 죽음을 조국이라 하였다
장난감이라 하였다

그리고 아이들은 강물에서 죽었다
거리에서 죽었다

무지에서 무지로 죽음을 바라보고
사는 것이 죽음이라 생각하였다.

삶은 물었지만
알 수 없는 것이라고

산자의 입에서 산자의 귀로
죽음은 까닭 없이 이어져갔다.

쫓기듯이 사는 인생도
한가로이 사는 인생도

모두 그대로 하나이었다.

삶 10

떠나간다. 가는 곳 몰라도 떠나간다.
색과 향을 따먹으며 그런 냥 떠나간다.

즐거움도 괴로움도
하루 햇살 부서지는 마른 가지에 걸쳐 놓고

비밀을 모르는 아이처럼
이것이 세상인 냥 몸둥이가 나인 냥 떠나간다.

하루 이틀 지나고 이제는 수많은 날들이려니 돌아보면
숨소리만 세월을 헤이고 모든 것이 그대로 있음을 본다.

헛되고 헛된 꿈을 가슴에 묻고
떠나간 길이 되돌아오는 길임을 본다.

오색의 유혹도 한줄기 빛에 실려 그림자 뒤로 사라지고
싱싱한 피와 살도 풍상에 베인 껍질 속에서 철이 든다.

그리고 그것들이 꿈이었다 할지라도 서러워않는 것은
온갖 상념이 들로 하늘로 날아가 버려

오가는 인생에 부질없는 나이테만 늘어가지 않도록
스스로를 바라보기 때문이다

삶 11

삶은 순간 속에 피고지고
침묵은 그대로 변함없으니

오늘을 맞이하기 위하여
어제와 작별하지 않아도 되리라.

하늘은 오래전에 열리고
강물은 지금도 흐르나니

이내 마음 빈 배가 되어
기슭에서 기슭으로 저어가리라

삶 12

백 년 전에는 있지도 않은
백 년 후에는 있지도 않을
지금 이 순간 인생들이

저마다 세상을 담아내며
아침 이슬처럼 맺쳐 있구나.

이제 가면 언제 오려나
꿈같은 세월 벗어 놓고
스스로를 향해 돌아가니

있다가 없고 없다가 있는 듯이
흐르는 가슴에 별이 되었구나.

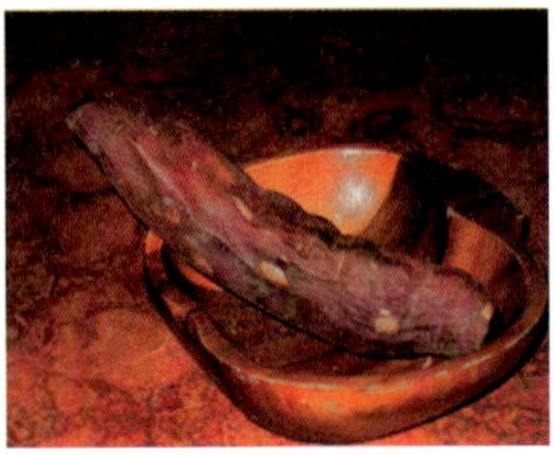

나무그릇에 고구마, 겨울식탁

오해

인류 역사의 절반은 오해에서 이뤄진다. 국가 간의 전쟁과 종교 간의 갈등의 이면에는 서로의 입장을 이해하지 못한 오해에서 발생되는 경우가 태반이다. 일상생활 속에서 이뤄지는 개인 간의 문제도 사소한 오해에서 발생하는 경우가 많다.
사람들은 자신이 살아온 경험에서 얻은 상식과 관습 등으로 사물이나 사건을 판단하며 살아간다. 그러한 판단은 개개인의 경험에 의한 것으로 자신의 생각이 옳다는 전제하에 이뤄진다. 그러나 사람마다 살아온 경험과 가치관의 차이에 따라서 자신이 생각하고 결정한 판단이 다른 사람에게는 전혀 사실과 다를 수 있다.
의협심만으로 군대에 자원입대한 젊은이가 이상과 현실 사이의 괴리감에 빠지게 되는 오해도 있을 것이고, 세월 속에서 변해버린 배우자의 모습에 자신의 기대가 오해였음을 깨닫는 부부도 있을 것이고, 밤새 집을 비운 상대가 다른 사람과 정을 통하고 있다고 분개하며 오해하는 연인도 있을 것이고, 아버지의 능력을 과대평가하던 아들이 결국 평범하게 생을 마감하는 아버지의 주검 앞에서 아버지에 대한 환상이 오해였음을 깨달을 수도 있을 것이고, 동업자 간에 생긴 이익에 대하여 상호간의 불신으로 오해가 생길 수도 있을 것이고, 장래의 삶이 보장될 것으로 생각하던 직업이 막상 정년이 다되도록 겨우 생계를 유지해온 것임을 보며 자신의 판단이 오해였음을 깨닫는 경우도 있을 것이고, 자기사업을 하는 것이 봉급생활 보다 나을 것으로 생각했는데 막상 사업에서 빚 만 지고 후회하는 자영업자의 오해도 있을 것이고, 장래 전망이 있으리라고 예상하고 구입한 부동산이나 주식이 기대에 못 미치고 손실을 입게 되는 오해도 있을 것이다.
일상생활 중에서 지금 옳다고 생각하는 것들이 언제 오해로 판명될지 모를 일이다. 따라서 오해의 늪에 빠지지 않기 위해서 자기중심적인 독단에 빠지지 말아야 하고, 주변의 입장을 두루 헤아려 볼 줄 아는 안목이 필요하다.
특히나 과욕에 사로잡힐 경우 판단력이 흐려지고 오해의 소지가 높아지므로 노력으로 얻어질 수 있는 정당한 이익 이외에 허황된 유혹이나 사행심에 빠지지 않도록 마음을 비우는 것이 바람꽃의 지혜이다.

여백

외국에 입양 간 여자아이가 사십년의 세월을 이국땅에서 사는 동안 그녀가 낳은 아들이 성장하여 고국을 그리워하는 어머니의 모습을 보고 정체성 때문이냐고 반문하기도 하고, 성 전환한 어느 TV 탤런트는 팬들이 자신에게 느끼는 편견을 정체성의 문제와 결부시켜 말하기도 한다. 본래 무엇이 삶의 근본인지에 대한 물음이 관심거리가 되고 있다.
계약서에 상세하게 의무와 책임사항을 조목조목 명시하지만 실제에 있어서는 똑같은 낱말을 가지고 텀 하나의 해석 차이로 다툼이 일어나는 것을 매일같이 경험한다. 아무리 상세하게 언어를 나열하고 본래의 정체성을 주장한다 하여도 이해되지 않고 해결할 수 없는 미스터리가 있다. 그래서 절대란 함부로 말할 것이 아니다.

시간과 공간의 변화 속에서 모든 것은 유동적이다. 역사는 흐름 속에서 반전에 반전을 거듭하고 있다. 만사에 속단할 일은 아무것도 없다. 항상 예외와 변수는 상존한다.
인간은 이성적이며 동시에 감성적이다. 감정이 이성의 통제를 벗어난 극한의 상태는 혼돈 내지는 혼수의 상태이다. 거기에는 이미 이성은 존재하지 않고 질서를 기대할 수도 없다. 아무데나 대소변을 보고 헛소리를 하는 지경에 이르고야 마는 것이다. 이성이 무너지고 질서가 무너지는 것은 그리 어려운 일이 아니다. 찬란히 빛나던 별이 급기야 폭발하여 우주의 어둠 속으로 재가 되어 사라져버리는 것이 무질서를 배경으로 침묵하고 있는 자연의 본래 모습이다.
이성은 자연의 질서가 혼돈상태로 치닫지 않도록 끊임없이 존재에 긴장을 부여하지만 이성이 찰나적이고 변화무쌍한 감성을 완전히 통제하리라고 기대할 수는 없다. 주검을 둘러메고 고갯길을 넘어가는 상여소리가 이승에서 맴돌지 저승에 이를지는 삶에 남겨진 여백이다.

꽃

길섶에 바람꽃이 피었다. 석양녘에 하늘을 향해 바라보는 꽃잎이 하늘빛에 함박 물들어 작은 얼굴마다 한 조각 한 조각 푸른 하늘을 담고 있다. 꽃잎이 어찌나 작은지 오엽으로 구성된 한 송이 꽃의 크기가 좁쌀만하다. 그러나 자태는 너무나 뚜렷하고 당당하여 있는 그대로 살아있음을 보여준다.

삶의 정수가 무엇인가 묻지 않아도 바람꽃은 아무도 찾지 않는 길섶에서 삶의 정수를 누리고 있다. 그 작은 꽃은 싱싱한 생명력으로 초록 줄기에 무성한 꽃송이를 피워 올린다.

무심결에 손끝을 스치자마자 꽃송이가 순식간에 떨어진다. 아무런 저항도 없이 아무런 비명도 없이 한 세계가 소리 없이 지고 만다. 순간 그대로가 전부이다. 스스로를 내세우려는 에고의 목소리도 없이 모든 순간을 침묵으로 받아들인다. 바람꽃은 하늘과 태양을 벗 삼아 순간을 속삭인다. 바람꽃은 주저하거나 망설임이 없이 흘러오는 자연의 울림에 스스로를 내맡긴다.

꽃 속에 하늘이 있고 하늘 속에 꽃이 있으니 꽃의 하늘이요 하늘의 꽃이다. 온 세계가 한 송이 바람꽃이다.

꽃, 수묵담채화

드라이플라워

드라이플라워 마른 잎 벽에 걸려 아직도 숨쉬는가.

장미 빛 영광 어디다 묻고 매혹의 향기 어디로 사라져
그 때 그 사람 모두 다 떠난 뒤
쌓여가는 먼지로 늙은 얼굴 분바르고
아무도 찾지 않는 세월 속에 창백한 그림자 되었는가.

벽에서 걸어 나와 소리 없이 목매이던 울음그치고
앙상한 목 줄기에 숨결 돋으면
퇴바랜 빛깔에 이슬 머금고 한 떨기 꽃으로 피어나리니

사랑스런 드라이플라워
아스파라 안개꽃 붉은 장미 함께 바람 거닐고
도란도란 속삭임 들리거든 너 다시 살아와 봄에 안겨라

봄날

먼 산에 구름 돌아
창 넘어 여백은 푸르고
눈발 녹는 오후 햇살에
잎새의 꿈은 고요하다

스쳐가는 바람 사이로
생명의 소리 여울지고
녹빛이 성큼 다가와
한 세월 잠에서 깨어난다

수평으로 펼쳐진 하늘에
그리움이 수직으로 밀려와
부서지는 촉감에
온몸이 마냥 나른하다

온갖 시름 모두 잊고
이대로 죽어져도
좋을 것만 같은
어느 따뜻한 봄날이여 !

손님

지난여름 목련꽃 피기 전에 오신다던 손님은 오지 않고
꽃잎 저버린 텅 빈 정원에 낙엽마저 바람에 쓸려갑니다

어리던 짐승도 이제 함께 늙었는지 모퉁이에 웅크려 졸고 있고
낡은 집만큼이나 무거워진 육신이 겨울나기 힘들어
지난해 떠난 임이 더욱 그립습니다.

자리에 일찍 누워 겨울밤을 뒤척이니
반백년이 훌쩍 지난 추억만 벽에 걸려 아른 데고
밤이 되니 주위는 침묵에 쌓여 작은 짐승 바스락 소리만 들립니다.

내일이면 행여나 손님 오실까 일찍 불을 지피고 정원도 손질하리라
이따금 바람소리에 문풍지 우짖는 밤

꿈속의 햇살을 헤진 가슴에 안아보니 아직은 부를 임이 있고
봄이 되면 가볼 무덤이 있고 기다리는 손님이 있습니다.

노인

내일 죽을지도 모르면서 오늘을 사는 것이 인생이다. 백년도 못살면서 천년을 살 것처럼 사는 것이 인생이다.

노인들이 가족과 떨어져서 요양원에 모여 산다. 가족들과 떨어져 살 수 밖에 없는 사연이야 여러 가지지만 그들의 여윈 어깨만큼이나 지나온 삶의 무게가 한결같이 공허하다.

그나마 식생활을 해결할 수 있는 노인들은 다행이다. 몸 거동이 불편하여 대 소변을 스스로 처리할 수도 없고 음식 수발마저 들어줄 사람 없이 힘겹게 삶을 견디다가 어느 하늘아래 소리 없이 죽음을 맞이해야 하는 노인들도 있다.

육신을 입고 태어난 자는 누구나 육신을 벗어야 할 때가 오지만 낡은 거죽을 벗는 것이 그토록 힘겨워 죽지도 살지도 못한 체 생사의 문턱을 헤매는 인생들이 주위에 너무도 많다.

겨울이 오기 전에 나무들은 무성했던 잎을 다 떨쳐버리고 나목이 되어 벌거벗은 몸으로 스스럼없이 겨울을 맞이하는데 인생들은 왜 삶의 순리를 받아들이기가 이토록 힘겨운 것인가? 원해서 입은 육신도 아니건만 무슨 미련이 있기에 육신을 벗어던지기가 그리도 힘겨운 것인지.

요양원 창밖에 비치는 따스한 햇살은 삶과 죽음을 함께 보듬은 체 휠체어에 앉은 노인과 그것을 밀고 있는 젊은 간병인을 함께 비추고 있다.

늙음을 뒤에서 바라보는 젊음도 머지않아 젊음을 뒤로하고 떠나야 할 늙음인데 천년만년 살 것처럼 착각 속에서 사는 것이 인생이다.

젊음

젊음이란 무엇인가? 시간의 비롯에 서있는 것이 젊음이다. 늙음이란 무엇인가? 시간의 마침에 누워있는 것이 늙음이다.
젊은이는 미지의 세계에 대한 꿈과 열정을 갖고 앞을 향해 달린다. 젊은이는 죽음을 두려워하지 않고 산다.
늙은이는 추억을 동경하며 과거의 틀에 안주한 채 산다. 죽음을 두려워하지 않는 자는 나이가 많아도 늙은이가 아니다. 과거의 틀에 안주하며 사는 자는 나이가 젊어도 젊은이가 아니다.
시간과 함께 달리는 자는 시간을 흘려보내지 않고 항상 새로운 시간 속에서 젊게 산다. 시간에 뒤처져서 사는 자는 앞서가는 시간을 바라보며 스스로 늙었다고 생각한다. 젊음과 늙음은 상대적이다. 어떻게 느끼고 어떻게 보느냐에 따라서 시간은 상대적으로 흐른다. 스스로 시간을 창조하는 자는 항상 인생을 젊게 사는 자이다. 벗이여! 살아 있다는 그것만으로도 이미 젊은 것이다. 왜 지금을 사랑하지 않는가?

작은 것

중국 춘추시대 월왕에게 패배한 것을 복수하기 위하여 섶으로 이부자리 삼으며 삼년간 와신하던 오왕은 마침내 월왕을 굴복시키게 되고, 패배한 월왕은 목숨을 부지하고자 삼년간 오왕의 시중을 들고 풀려난 뒤 쓸개를 핥으며 치욕에 대한 복수심을 불태우다가 다시 오왕을 멸망시켰다.
한쪽은 복수심에 와신하고 다른 한쪽은 복수심에 대한 복수심으로 상담한 그 결과는 무엇이던가? 역사의 흐름에서 볼 때 복수에서 복수로 이어지는 신념과 행위는 찰나적이고 지엽적이지만 탐진치에 얽혀 살고 있는 것이 인간들의 모습이다.
하잘 것 없는 복수심이라도 휩싸이게 되면 한 인간과 한 나라를 불태우기 족하다. 큰 불도 작은 불씨에서 시작하는 것이니 작은 것에 소홀하지 말일이다. 작은 것이야 말로 작은 것이 아니다.

얼굴

얼굴이란 그 사람의 얼을 나타낸다. 사람은 눈과 입을 통하여 상대에게 자신의 생각과 감정을 미세한 부분까지 표현한다.
눈빛은 그 사람의 지성을 나타낸다. 눈빛에 총기가 있으면 정신이 맑고 사고력과 판단력이 빠르다. 총기가 없는 눈빛에서 맑은 정신을 기대하기란 어렵다.
미소는 그 사람의 감성을 나타낸다. 입가에 미소 띤 모습은 상대에게 호의를 나타내고 마음의 여유를 보여준다. 냉소적이고 조소적인 웃음은 가식을 담고 있지만 우아한 미소는 심성의 여유로움과 생기를 보여준다. 초롱한 눈빛은 그 사람의 깊은 사고력과 맑은 지성을 나타내주고 우아한 미소는 고운 심성과 아름다운 감성을 나타내 준다. 눈빛이 빛날지라도 미소가 결여된 얼굴은 자칫 차갑고 배타적인 지성에 빠지기 쉽다. 반면에 입가에 미소를 머금어도 눈빛에 총기가 없다면 자칫 초라해 질 수 있다.
초롱한 눈빛과 우아한 미소가 한데 어우러지는 얼굴에서 바람꽃의 향기를 느낄 수 있다.

밥짓기

전기밥솥으로는 구수한 숭늉을 즐길 수가 없기에 번거롭더라도 아침마다 돌솥에 밥을 짓는다.
현미에 찹쌀과 검은콩을 섞고 돌솥에 일정량을 담가 물에 씻은 후 얼마간 물에 불린 후에 불을 지핀다. 돌솥이 끓어 물기가 잦아들 때까지 처음에는 진불로 가열하고 그 후에는 불기운을 낮추어 뜸을 들인다.
처음 진불로 가열하는 시간이 짧으면 화력이 밥솥 상부에 까지 미치지 않아 밥 짓는 시간이 길어질 뿐만 아니라 밥이 설익거나 뜸이 들지 않는다. 반대로 진불로 가열하는 시간이 길어지면 밥이 골고루 익기도 전에 아래 부위가 타버려서 밥솥 바닥에 검은 누룽지가 생기고 쓴 맛이 나기 일쑤다.
밥솥에서 끓어오르는 물기가 수증기가 되어 마르기 전 밥물이 밥솥에서 잦아지기 직전에 진불을 약한 불기운으로 낮추는 것이 중요하다. 그 시기만 적시에 맞춰서 불기운을 낮추면 그 다음부터는 약한 불기운으로 밥이 자연스럽게 뜸 들여지게 되어 잘 익은 밥이 되고 밥솥 아래에는 누룽지가 생겨서 숭늉의 구수한 맛을 즐길 수 있다.
인생도 밥 짓기와 같다. 과욕에 앞서 지나치게 진불로 인생을 빨리 달구려고 하면 구수한 숭늉이 되기도 전에 새까맣게 타버려서 그 인생은 요절하고 만다.
그렇다고 가슴에 혼불을 지피는 정열도 없이 약한 불기운만으로 평생을 살려고 한다면 그 인생은 설익은 밥처럼 인생의 진수를 맛볼 수도 없이 지루한 시간 속에서 속절없이 인생을 소진해버리고 말 것이다.
인생이 제대로 성숙하기 위해서는 혼불처럼 타오르는 정열이 필요하고 은은한 불씨에 뜸을 들일 줄 아는 인내심도 필요하다.
바람꽃은 타오르는 혼불과 지극한 정성이 조화될 때에 비로소 향기를 발산하게 된다.

음식

지구상의 모든 생명은 먹고 먹히며 생사를 이어간다. 음식은 살아있는 생명이 죽어서 이뤄진 것으로 생명의 잔해이자 또 다른 생명을 위하여 바쳐진 헌신이다. 그러니 음식을 어찌 장난하듯이 먹겠는가!
내가 죽어 너로 태어나는 소중함과 사랑의 실천으로 음식은 무엇보다 귀한 것이다.
로마의 귀족들이 먹은 것을 토하고 먹은 것을 토하는 가운데 미각을 즐겼으니 내가 죽어 너에게 바쳐진 귀한 생명을 토해내곤 하였으니 어찌 로마가 망하지 않을 수 있겠는가? 오늘 내 앞에 놓인 빵 한 조각은 나에게 내려진 귀한 선물이다. 나는 그 귀한 선물에 감사해야 하고 감사함을 다른 생명에게 되돌려 줘야 한다.

작금 패스트푸드 음식문화는 인간을 황망한 시간 속으로 몰아가고 있을 뿐만 아니라 거기에는 어떠한 감사도 어떠한 보답이나 고마움도 없는 백색의 살육이 있을 뿐이다.

생명의 시작은 사랑인데 사랑을 잊고 사랑이 베풀어주는 감사함을 잊고 음식을 대한다면 그것은 생명의 근본을 잊은 것이다. 생명은 장난이 아니며 무덤은 더욱 아니다.

생명은 바람처럼 자유로운 것이니 축복으로 생의 즐거움을 함께 하라. 오늘의 태양아래 한 송이 바람꽃이 피었으니 생명은 그 자체만으로 아름다운 것. 꽃이 바람을 마시듯이 오늘 식탁에 놓인 음식을 접하라.

육신은 마음이 거하는 신전이며 마음은 바람 속에서 오는 것이다. 감사하라. 생명을 먹고 생명을 되돌리는 귀한 시간 너를 위한 죽음이 헛되지 않도록 있는 그대로 온전하게 하라.

과식은 천벌과 같은 것. 생명을 생명으로 갚지 못하고 귀한 생명을 죽음으로 맞이한다면 어찌 그 생명이 온전하길 바라겠는가. 아직도 지구상에는 기아에 굶주리는 자가 무수히 많거늘 하물며 과식이란 더없는 죄악이다.

생명을 생명으로 갚지 못하고 죽음으로 끝을 냈으니 거기에는 부활도 신생도 없다. 오직 불필요한 살덩이만 있을 뿐 감사도 축복도 사랑도 없다. 이 모든 생명은 땀에서 일궈지는 것이거늘 생명을 어이 쉽게 죽이려 하는가?

자연에는 정화능력이 있으니 과잉되고 방치된 생명의 혼돈 뒤에는 해일이든 지진이든 그 어떤 힘으로든 방탕함은 다스려진다. 그것은 스스로를 다스리는 자연의 순리이다. 네 앞에 주어진 한 끼의 음식에 감사하라. 너를 위해 죽은 자의 은혜가 헛되지 않도록.

영원한 지금, 부채에 묵필

15. 수류화개

사랑은 스스로 베푸는 것이며 대가를 구하지 않는다. 무소유의 사랑을 실천하려면 물질적이고 육체적인 틀에서 벗어날 수 있는 자유로운 정신이 필요하다. 과거의 기억과 이념에 억매이거나 미래의 불확실한 환상과 착각에 유혹된 정신은 자유로운 정신이 아니다.

정신이 자유롭지 못한 상태에서는 진정한 사랑을 기대할 수 없다. 과거의 관습과 미래의 환상으로부터 자유로워질 때에 비로소 사랑은 소리없이 찾아온다.

사랑은 나를 벗는 과정이다. 나의 벽을 허물고 우주와 합일하는 과정이다. 도시의 정글 속에서 사랑은 어떤 의미가 있는가? 사랑은 나의 확장인가? 나의 희생인가?

정글의 법칙과 사랑의 법칙은 모순되지만 현실 속에서 엄연히 공존한다. 먹이를 잡아먹는 쪽과 잡아먹히는 쪽이 분명 다르지만 두 개체가 하나가 되는 순간 속에서 모순은 사랑으로 극복된다.

수컷 사마귀가 교미 후 암컷 사마귀에 잡혀 먹히는 자연 현상은 희생을 통한 나의 확장이며 정글의 법칙 속에서 사랑을 실현하는 순간이다. 수컷 사마귀를 무자비하게 잡아먹은 암컷 사마귀도 마침내 알을 낳는데 축적된 영양분을 다 소진해버리고 껍질만 남은 체 흩날리는 바람결에 낙엽처럼 스러져간다.

도시의 정글 속에 살면서 지금 잡아먹었다 하여 잡아먹은 것이 아니고 잡아먹혔다 하여 잡아먹힌 것이 아니다. 각자 거죽을 벗고 때가 되면 자신의 모든 것을 자연에 되돌려주고 가야 하는 것이 바람꽃의 운명이다.

삶이란 희생을 통한 나의 확장이며 사랑의 신비를 배우는 과정이다.
빵 한 조각 베푸는 사랑은 사랑이 아니다. 소유하려는 사랑은 더욱 사랑이 아니다. 주는 것도 받는 것도 사랑이 아니다. 사랑이라 생각하면 그것은 이미 사랑이 아니다.
소리 없이 찾아와서 소리 없이 가버리는 바람꽃처럼 내가 죽어 너로 부활하는 것이 진정한 사랑이다.

이해와 기대

사람들은 살아가면서 서로 이해하고 기대하고 싶어 한다. 살다보면 자연스럽게 사람과 사물들 간에 또는 사람들 간에 이해가 이뤄지고 이해가 깊어지면 서로 사랑하게 되고 사랑하다 보면 서로 기대할 수도 있게 된다. 그러나 기대는 기대일 뿐이며 기대한 것이 예상에서 빗나갈 경우 기대는 실망으로 변한다.
삶을 주의 깊게 관찰해보면 크게 두 가지로 분류된다. 하나는 자연과 인간의 관계를 있는 그대로 이해하는 것이며 다른 하나는 그것으로부터 미지의 것을 기대하는 것이다.
기대는 이뤄질 수도 있고 이뤄지지 않을 수도 있기 때문에 불완전하고 온전하지 못하다. 기대가 빗나가 감정이 격해지면 그동안 쌓아온 이해심도 사라지고 사랑은 증오로 바뀌어 절망에 휩싸이기도 한다.
이해는 주고받음과 상관없이 있는 그대로를 받아들이는 온전한 것이지만 기대는 있는 그대로 이외에 다른 무엇인가를 추구하는 불완전한 것이다. 이해에서 사랑이 싹트고 기대에서 사랑이 사라진다. 진정으로 사랑하고자 한다면 있는 그대로 이해하고 그 이상 기대하지 말라.

무리

모든 생명들은 무리지어 살고 있다. 진달래는 사월이면 언덕에 군락을 이루고 왜가리는 시냇가에 삼삼오오 무리지어 생활한다. 사람들도 가족을 구성원으로 부락을 이루고 나아가서 국가와 민족을 형성한다.

모든 생명체들이 유유상종 무리를 지어 살아가고 사람들은 가족이라는 기본 단위로 사회생활을 하고 있다. 가족은 혈육으로 맺어진 인류사회의 기본적인 집단이다.

동서고금을 막론하고 가장이 가족의 생계를 위하여 돈을 벌어오는 것은 기본적인 것이고 아내가 자식의 양육을 위하여 가사 일을 돌보는 것은 당연한 것으로 받아들여지고 있다.

가족의 생계가 어려움에 처할 경우 전쟁터에서 목숨을 바쳐서 보상금으로 가족을 돕는 아들이 있는가 하면, 병든 부모의 목숨을 위하여 콩팥의 일부를 떼어주는 자식들도 있다. 이러한 희생정신은 가족이 곧 자기 자신과 같다는 일체감이 있기에 가능하다.

그러나 가족 간의 관계가 모두 일체감 속에서 아름답게만 이뤄지는 것은 아니다. 처자식을 상습적으로 폭행하는 포악한 가장이 있는가 하면 병든 남편을 두고 가출해버리는 비정한 아내도 있다. 거처할 데 없는 노부모를 버리는 자식이 있는가 하면 심지어 돈을 안준다고 살해하기까지 하는 패륜아도 있다. 이러한 가족관계는 차라리 남만 못하다. 가족이란 일체감으로 상호 신뢰하고 사랑하며 연대의식으로 희생마저 감내할 수 있지만 그렇지 못한 경우도 있는 것이다.

효행사상에서는 자식은 또 낳으면 되지만 부모는 돌아가시면 그만이니 부모섬기기를 자식 돌보기보다 더 잘하라고 강조하고 있지만 대부분의 여자들에게 부모와 자식이 동시에 위급에 처한 경우 누구를 먼저 구할 것이냐고 물으면 자식을 먼저 구할 것이라고 한다. 종족을 번성시키고 보존하려는 생존본능을 어찌 나무랄 수 있겠는가!

그래서 사랑은 내리 사랑이라 한다. 부모가 자식에게 베푸는 사랑은 조건 없는 사랑이다. 행여 노후에 자식 덕을 보려고 양육하는 부모가 있다면 착각이다. 뻐꾸기도 새끼가 스스로 창공을 날고 먹이를 사냥할 수 있게 되면 그것으로 만족하고 미련 없이 떠난다.

베푼 사랑을 되돌려 받으려는 것은 사랑이 아니다. 조건 없이 주는 것이 진정한 사랑이다.

사랑 1

심연에서 꺼질 듯 이어지는 숨결은
한줄기 음악이고 싶다.

애타는 그리움에 지쳐 울던
못 다한 사랑 찾고 싶어

간밤의 추위에 떨던 날개에
찾아드는 햇살이 되고 싶어

절망하기엔 삶의 향기 잊지 못하고
육신 흩어지기엔 심장 멈추지 못해
침묵 속으로 메아리치는 음악이고 싶다.

어둠이 앞을 가려 볼 수 없어도
꿈결 같은 음악은 빛을 찾아 흐르고

혼과 육이 광야에서 헤맬지라도
한줄기 생명은 음악이고 싶다.

사랑 2

고독할 때 기다려지는 그리움을
사랑이라 부르지 마라

모두 다 떠나버린 폐허에서
어둠을 사르는 등불처럼

너를 향한 그리움에 죽을지라도
사랑이라 부르지 마라

사랑은 흔적을 남기지 않고
사랑은 사랑이라 부르지도 않고

너와 나 사이에 강물이 되어
언제나 가슴속에 흐르고 있나니

사랑 3

이유 없이 성을 쌓고
무너지면 또 쌓던 기억 속으로

외로운 짐승은 해를 찾아
오늘도 호숫가에서 꿈을 꾼다.

허공이 숲을 외롭게 하고
한줄기 바람으로 돌아갈 새

사랑은 부분으로 다가와서
어느새 전부가 되었다.

낙엽, 내장산에서

수류화개

무릇 생명은 물이 흐르는 가운데 살아가고 물이 메마르면 생명은 시들어 버린다. 사람도 몸과 마음이 메말라서는 넉넉하고 여유로운 삶을 누릴 수 없다. 물이 흐르듯이 몸과 마음이 여유로워야 삶에 생기가 솟아난다. 인생은 시련 속에서 살고 있지만 가슴 속 심연에 한 송이 바람꽃을 피울 수 있기에 아름다운 것이다.

향기

꽃이 아름다운 것은 향기가 있기 때문이며 육체가 아름다운 것은 영혼이 깃들어 있기 때문이다.

봄날 아지랑이가 피어오르듯이 육체에 감미로움을 느끼게 하는 것은 영혼의 향기가 있기 때문이다. 영혼의 향기는 남녀 간에 사랑으로 느껴지기도 하고 부모와 자식 간에 혈육의 정으로 느껴지기도 하고 사물 간에 일체감으로 느껴지기도 한다.

향기는 주위에 대한 배려이며 누군가에 대한 그리움의 표현이다.

꽃의 향기가 벌을 부르듯이 영혼의 향기는 주위에 교감을 불러일으킨다. 향기는 주는 즐거움이다. 홀로 간직한 향기는 의미가 없다. 주위를 즐겁게 해줄 수 있기에 향기로운 것이다.

사람이나 사물들로부터 발산하는 향기들은 한데 어우러져 천지간에 두루 퍼져있다. 그러나 전파도 주파수가 맞아야 송수신이 되듯이 향기도 서로 간에 교감이 되어야 느낄 수 있다.

거리의 응원에서 수많은 인파가 박자에 맞춰 열광하는 것이나 창공을 무리지어 나는 철새 떼의 장대한 운무는 서로 간에 조화를 이루며 교감할 수 있기에 가능하다. 기공치료사와 환자 간에 이뤄지는 기공시술이나 종교지도자와 신도 간에 이뤄지는 치유의 은사도 영적 교감이 서로 간에 맞아야 가능하다.

이와 같이 영혼의 향기는 서로 간의 느낌에 따라 달라진다. 서로 간에 인연이 닿으면 향기를 느낄 수 있지만 인연이 닿지 않으면 느낄 수 없다. 인연 따라서 흐르는 것이 바람꽃의 향기이다.

매화

바야흐로 봄은 무르익어 도로변에 봄기운이 화창하다. 경내에 들어서서 바자회를 준비 중인 스님에게 매화가 어디 있는지 물으니 절 뒤편 돌담 쪽을 가리킨다.

둘 셋 짝을 이루며 오가는 상춘객을 따라 길목을 돌아 나서니 홍백매가 파란 하늘아래 만개하였다. 꽃잎 여문 채로 가지 끝에 매달린 봉오리도 있지만 대부분 꽃들이 만개하였다. 이미 춘풍에 지는 꽃잎도 있다. 한반도에 자생하는 매화 중에 사 오백년 수령의 매화는 선암사와 지리산 자락 몇 군데뿐이다. 가까이 다가서니 흐드러지게 핀 매화의 암향이 바람결에 그윽하다. 매화 둥지가 풍상을 지내온 오랜 세월에 비하면 그리 우람하지는 않으나 이끼 묻은 고목의 자태는 오백년 역사를 간직한 듯 의연하다.

고목의 둥지에서 뻗어난 가지가 세월의 무게로 휘어져 내리다가 다시 새로운 생명력으로 하늘을 향해 뻗쳐오르니 가지마다 순백의 오엽이 춘광에 눈부시다. 소리 없이 웃는 모습이 미인의 자태인 냥 고혹적이다. 한설을 이겨낸 까칠한 가지의 무성한 휘들어짐은 화선지에 거침없이 써내려간 갈필처럼 유연하고 힘이 있다. 잉잉거리는 벌도 아직 제철이 아닌데 작은 꽃잎마다 무수히 피워 올린 향기는 무엇을 향한 그리움인가?

묻는 이도 답하는 이도 없이 오늘도 매화는 오백년 세월을 넘어서 우아한 미소로 맑은 하늘을 우러른다. 가히 암향 천리 그대로다.

산문을 나서는 내리막길 길섶에는 봄볕아래 쑥 잎이 흙 내음과 어우러져 파릇하다. 승선교 아래로 흐르는 시냇물을 굽어보고 서있는 우람한 괴목의 용트림이 바위 사이로 침묵한다.

돌아오는 길에 경내 초입 찻집에서 시름을 잊으며 벗과 함께 햇차를 즐기노라니 싯귀가 절로 난다.

매화, 선암사에서

16. 하늘반지

양기를 받고 사는 모든 생명은 햇빛에 고마워해야 한다. 그런 다음 생명체의 대부분을 구성하고 있는 물에 대하여 고마워해야 한다. 그리고 휴식을 안겨주는 나무들에게도 고마움을 표시해야 하리라.

햇빛과 물과 나무들로 이뤄진 자연에 대하여 감사하는 마음으로 시작해서 감사하는 마음으로 끝을 내야 한다. 삶이란 흘러가는 세월 속에서 영원한 것이 아니다. 죽음을 배경으로 삶이 피어있다는 사실을 잊어서는 안 된다.

삶에 대한 고마움이 클수록 죽음에 대한 고마움도 크다. 대소변조차 혼자 가누지 못하고 하루하루의 호흡을 간신히 이어가는 생명들을 볼 때 죽음의 미학이 새삼스러운 의미를 갖는다.

재래시장에 가면 노점상 할머니가 야채를 팔다가 그만 깜빡 잠이 들었는지 눈을 감고 오수에 빠져있는 모습을 보게 되는데 그 평화로운 모습 그대로 오수를 즐기듯이 삶의 마지막 고개를 넘을 수 있다면 얼마나 행복한 죽음인가. 요양원에서 또는 병실에서 반송장의 모습으로 죽음의 문턱을 넘기 어려워 애태우는 모습에 비한다면 가히 행복한 죽음이다.

또 다른 행복한 죽음이 있다면 시민들이 마라톤에 참가하여 달리다가 도중에 쓰러져 그대로 숨지는 경우도 간혹 있는데 대소변을 못 가린 체 생명의 문턱을 넘기 버거워 하는 삶에 비한다면 달리는 가운데 죽음을 맞이할 수 있다는 것은 역설적이지만 건강하게 삶을 마감하는 한 방법일 수도 있다. 그 이외에도 어느 수도승처럼 앉은 자세로 입적하는 경우도 있으리라.

삶이란 곧 죽음위에 핀 바람꽃이요, 죽음으로 돌아가는 것은 새로운 삶의 시작이니 오늘 결혼하는 한 쌍의 축복이 장례식의 슬픔과 결코 동떨어진 것은 아니다.
그러나 인생의 9할이 고뇌와 수고로움일지라도 1할의 행복이 있기에 삶은 즐길만한 것이 아닌가?
그러기에 사람들이 여지껏 살아왔고 지금도 살고 있는 것이다. 왜 사느냐고 묻지 않아도 스스럼없이 예전이나 지금이나 태양과 바람을 즐기며 물과 나무를 벗 삼아 삶과 죽음을 이어가고 있다.
한 호흡에 살고 한 호흡에 죽을 수 있기에 삶은 더욱 소중하고 아름답다. 죽을 수 있다는 것도 감사해야 하고 살아있다는 것도 감사해야 하리라.
나를 떠나서 스스로를 바라본다면 나는 없어져도 있는 것이요, 몸나의 환상에서 깨어나서 있는 그대로를 바라보면 모든 것은 그대로 온전한 것이다.
생명은 외줄타기와 같고 삶의 수레바퀴는 오늘도 쉬임없이 요양원의 침상에서, 병실의 산소호흡기에서, 야채시장 할머니의 오수 속에서, 마라톤 선수의 심장 속에서 돌아가고 있다. 바람꽃의 춤사위가 피고 지듯이 생사는 누구에게나 예외가 없다.
삶의 무게는 한결같고 삶의 흐름은 멈추지 않으니 생의 수레바퀴는 부즉불이(不卽不離) 그대로다.

욕망 1

정글의 법칙이 현실에 적용되고 있지만 맹수도 끼니를 해결할 때만 먹이를 사냥할 뿐 무고한 살생은 하지 않는다. 그러나 인간은 만물의 영장이라는 특권 속에 살면서 자연의 순리를 넘어서 끝없는 욕망에 빠지기 쉽다.

맹수보다 더 무서운 것이 지능을 갖춘 인간이기에 스스로를 자제하지 않는다면 욕망은 끝없는 파멸로 몰아갈 것이다.

하늘이 두려운 줄 알라는 것은 끝없는 욕망을 자제하라는 스스로에 대한 경고이다. 스스로를 깨우친다는 것이 쉬운 일은 아니다.

인간은 누구나 죽음 앞에 평등하다는 사실을 알고, 죽음이 곧 삶의 거울이라는 사실을 깨우친다면 소중한 삶을 욕망의 벼랑으로 몰아가지는 않을 것이다.

어느 티벳의 험준한 산기슭에 다다르니 엄청난 높이의 나무속에 나뭇가지와 나무 둥치를 이용하여 수직 원통형의 넓은 거주 공간을 만들어 놓고 일가족이 생활하고 있다.

그들의 주거 환경은 원시인의 생활처럼 거칠고 동화 속에서나 볼 수 있는 이상한 모습이지만 이방인을 대하는 태도는 매우 친절하다. 자신의 주거 공간에 대하여 진지하게 설명하는 젊은 가장의 표정에는 아무런 욕심도 찾아볼 수 없이 평화스럽다.

사람과 나무가 함께 어우러진 풍경은 과욕하지 않는 바람꽃 그대로의 모습이다.

욕망 2

욕망이 마음에 일면 마음은 욕망의 그릇에 갇히게 되고 욕망이 미치는 거기까지가 마음의 한계가 되어 거기에서 마음이 닫히게 된다.
무엇에 집착하면 곧 그것이 욕망이다. 욕망의 불길은 한번 타오르면 재가 되어야 끝이 나는 것이니 욕망은 한낱 불나비의 꿈이다.
한번 돌이켜 허공 속으로 마음이 열리면 막힘없이 흐르는 바람처럼 욕망도 사라진다. 욕망이 사라져 버린 마음은 초연하니 걸어도 춤추는 듯하고 일을 하여도 이익에 구애됨이 없으니 매사가 즐겁다.
어떠한 욕망의 그물에도 걸림이 없으니 바람꽃은 가히 초인의 모습이다. 막힘이 없으니 시종을 묻지 않고 있는 그대로 온전하다. 있으면서 없으니 그 무한한 도량을 헤아릴 길 없다.
잠시 타오르다가 사라져버릴 욕망의 덫으로부터 놓여나 바람처럼 사는 삶이라면 이미 그 자체가 행복인 것이다.
미혹함이 없이 바람처럼 사노라면 얼마나 행복한 인생인가?
바람이 스쳐가는 부드러운 손길마다 행복의 꽃을 피우리라. 바람꽃은 향기로운 미소로 다가와서 아무것도 소유할 수 없음을 일깨워 주고 바람처럼 사라진다.
바람의 자손이여! 욕망의 바다에 닻을 내리려고 수고하지 마라.
불어오는 바람에 돛을 세우고 순간의 자유를 즐겨라. 머물지 않고 흐르는 허공 속에 바람꽃의 춤사위를 펼쳐라.

청동독수리

청동독수리가 앉아 있다. 꿈속에서 들려오는 메아리 소리에 날개를 퍼덕인다. 꿈속으로 날아갈 수 있는 곳은 오로지 자신의 모습을 바라볼 수 있는 거울을 통해서만 가능하다.

독수리는 삶과 꿈 사이를 넘나드는 통로를 찾으려고 오랜 침묵의 세월을 기다리다가 마침내 마주치는 눈동자 동공 속에 비쳐진 자신의 모습을 바라보고 꿈속으로 날아든다.

피 보라 파도치는 심장을 지나 아득한 뇌의 골짜기에 이르니 무한한 창공이 펼쳐진다. 무거운 청동 날개가 어느새 바람을 일으키는 거대한 날개가 되어 아득한 계곡 사이의 머나 먼 기억을 넘어서 날아간다.

독수리가 날개 짓을 할 때마다 기나긴 침묵은 안개처럼 걷히고 텅 빈 허공 속으로 한없는 시공이 펼쳐진다. 어둠 속에 잠들어 있던 정지된 시간이 흐르기 시작한다.

하늘과 땅이 열리고 어둠을 가르는 빛이 광야에 펼쳐진다. 태양과 물과 나무들이 바람꽃을 노래한다. 독수리는 펼쳐진 날개를 자연의 흐름 속에 맡긴다. 하는바 없이 불어오는 바람 따라 독수리의 비상이 시작된다. 꿈이 펼쳐진 것이다.

꿈이 깨이기 전에 독수리는 들어왔던 통로를 찾아 거울 속으로 빠져나가야 한다. 꿈이 깨이기 전에 거울을 찾아 그 속에 비쳐진 자신의 모습을 보지 못하게 되면 독수리는 꿈속에 갇히게 되고 시공의 혼돈 속에서 울부짖는 메아리만 뇌의 골짜기에 여울질 뿐 독수리는 꿈밖에서 청동의 날개를 접고 괴목 위에 멈춘 채로 영원한 순간을 부동의 침묵 속에서 보내야 한다. 꿈속을 빠져나오지 못하고 꿈속에 갇혀 버린 독수리는 정지된 시간 속에서 망각의 늪에 빠지게 되고 멈춘 심장과 함께 생명을 잃게 된다. 청동독수리를 바라보는 눈동자에 비쳐진 모습이 거울이 되어 스스로를 있는 그대로 바라보게 될 때 다시 독수리는 자신의 모습을 찾아서 날게 된다.

통로를 찾아 날아오르는 순간 정지된 시간은 다시 흐르고 독수리는 파도치는 심장을 지나 뇌의 깊고 머나 먼 골짜기 사이의 무한한 창공을 날게 되리라.

독수리는 꿈속에서 자신에게 통로를 찾게 해준 눈동자의 주인이 되어 꿈속의 삶을 내려다본다.

날아오를 때를 기다리며 언젠가 다시 눈동자에 자신의 모습이 비치는 날이면 청동독수리는 거울 속을 향하여 힘찬 나래를 펴고 바람꽃의 춤사위를 펼치리라. 청동 날개의 독수리여! 삶의 무게를 넘어 바람 속에 꿈의 나래를 펼쳐라!

무위

천년을 아무것도 하는 일 없이 산다. 먹을 끼니 구할 일도, 직장에 출근할 일도, 은행 빚을 갚을 일도, 법원에 소송할 일도, 누구에게 잘 보일 일도, 아무것도 하는 일 없이 천년을 보낸다.

불어오는 바람에 흘러가는 구름처럼, 계곡을 쉬지 않고 흐르는 물처럼 몸은 허공에 벗어 던지고 뜻 모를 이름 석자 지우고 있는 그대로 침묵한다. 들숨에 살고 날숨에 꿈꾸듯이 하는 일 없이 산다. 씨앗이 싹을 틔워 고목이 되고 옹달샘이 물길을 열어 바다가 되는 동안 없었던 종교가 태어나고 없었던 사람들이 태어나고 죽는다.

해는 동쪽에서 솟아나 서쪽으로 황도를 달리고 하늘은 어둠과 밝음을 호흡한다. 천년의 메아리가 허공 속에 여울지고 바람꽃은 그대로 피어 있다.

무명지박

하루해가 수만 번 지나도록 한 것이라곤 부질없는 이름 석자 돌 위에 새겨 놓고 낡은 몸 거죽 흙에 묻었으니 바람꽃 지는 날 무엇이라 할까?

허공이여! 비우고 또 비우고 이제 비울 것이 없소.

그러면 허공은 말하리라.

무명지박 (無名之樸)이면 이미 족하니라.

풀잎

풍상에 서걱이는 돌먼지 날리고
황토 냄새 배어나는
나무뿌리 추서리는 언덕배기
임자 없는 집 한채 휘돌아서면
처마사이 구름 한 조각 흘러가고
능마루에 햇살 삼삼히 부서져
스산한 겨울바람 낡은 깃발에 파닥이고
늙은 소나무 허리 틀고 서 있는 양지 비탈에
얼어붙은 물줄기 해동을 기다리던 곳
부시시한 하늘이고 마른 풀잎 흩날리다
겨우내 배고픈 짐승들 발자국 소리에
함께 짐승되어 헤매인다.

가을

가고 없는 아이 옆에
늙은 성자 굽어보고

어미도 함께 서서
창밖에 가을은 그리운데

바람꽃은 말없이
허공에 향기만 그윽하다.

인, 채반위에 묵필

힘과 정

시간과 공간이 합하여 존재를 이루고, 시간은 전과 후로 이뤄지며, 공간은 크고 작음으로 이뤄지니, 무릇 만물은 둘로써 하나가 표현된다.
사람과 사람 사이의 관계도 힘(力)과 정(情)이라는 두 가지 근본에 의해서 이뤄진다.
힘은 뼈대와 같은 것으로 힘이 없이는 모든 존재가 지탱할 수 없다. 금력, 권력, 무력 등 여러 가지 힘들은 크기에 따라 강력과 약력으로 구분된다. 힘의 세계에서 항상 강력이 약력을 제압하는 것만은 아니다. 강력이 미칠 수 없는 부분에 약력이 작용하고 경우에 따라서는 약력이 강력을 제압하기도 한다.
바람꽃은 힘이 없이는 한 순간도 살 수 없다. 한 호흡의 들숨과 날숨에도 힘이 필요하다. 남성적인 무력이 없으면 여성적인 매력이라도 있어야 생존할 수 있다. 이것이 현상계에서 적용되는 정글의 법칙이다.
그러나 힘만으로는 완전하지 못하다. 인간에게는 정이 필요하다. 정은 뼈대를 감싸고 있는 살과 같다. 힘이 힘으로써의 가치를 발휘할 수 있게 하는 것은 정이다. 어머니의 모정, 남녀간의 애정, 친구간의 우정 등 사람들은 여러 가지 정에 얽혀서 살고 있다.
그러나 정만으로 만사가 이뤄지지 않는다. 힘이 뒷받침되지 않는 정은 뼈대 없는 살처럼 무너져 내리고 결코 이뤄지지 않는 짝사랑처럼 상처만 남긴다.
또한 힘만 있고 정이 없다면 황량한 사막에 외롭게 서있는 스핑크스처럼 인생이 무미건조할 뿐이다. 그래서 사람 간에 미소가 필요하고 전쟁에도 도리가 있다. 세상 이치가 이러하니 가히 힘만 자랑할 것도 아니요 정에만 매달릴 것도 아니다. 힘으로 내실을 기하고 정으로 주위를 감쌀 줄 아는 것이 온전한 삶을 이루는 길이다.

가르침

인류 역사가 시작된 이래 많은 현자가 탄생하여 인간의 고뇌를 설파하고 삶의 지혜를 가르쳐 왔으나 아직도 일상은 괴로움과 미혹에서 헤어나지 못하고 있다. 왜 그러한가?
수많은 세월 동안 현자들에 의해 제시된 가르침이 불완전한 것인가? 그러한 가르침을 깨닫지 못하는 사람들이 어리석은 것인가? 오늘도 대다수의 사람들은 피곤한 육신을 이끌고 거리에서 전철 속에서 떠밀려가듯이 하루의 쳇바퀴를 돌고 있다. 과연 삶은 무엇이 문제인가?
과거 수많은 현자의 가르침에도 불구하고 사람들은 고뇌에서 해방되지 못하고 그 이후에도 많은 역사적인 인물들이 나타나 현실에 만족하지 못하는 다수의 사람들에게 희망을 충동질하였지만 실상은 그들에게 괴로움을 가중시켰을 뿐이었고, 심지어 기존 종교를 변종 창시하여 스스로 메시아라고 자칭하는 교주와 잡기로 신통함을 내세워 보이는 무속인, 초능력자 등이 수도 없이 나타나 사람들의 마음을 현혹시켜 왔다.
그러한 구원과 기적에도 불구하고 오늘 피곤하고 지친 심신이 말해주듯이 그들이 제시한 지혜와 사상과 신념들이 거짓이었거나 허황된 것이었거나, 아니면 대다수 사람들에게 일시적인 환상만을 안겨줄 뿐 꿈에서 깨고 나면 사라져버리는 거울 속의 그림자와 같은 것이었다. 진정한 바람꽃은 어디에 있는가? 애당초 바람꽃은 없는 것인가?

고뇌하는 인간 그 자체로써 만족해야하는 것이 인간의 운명인가? 인간에게 진정한 행복이란 없는 것인가? 행복을 추구하는 그 욕망 자체가 어리석음인가?

그 많은 세월과 그 많은 위인들의 가르침이 있었건만 사람들은 왜 아직도 해답을 찾지 못하고 삶 속에서 괴로워하며 표류하고 있는 것인가? 그들의 가르침은 삶의 이면에 드리워진 그림자를 보여줄 뿐 지금 묻고 있는 각자의 삶에 대한 해답은 아니다. 그들의 가르침에서 알 수 있는 것은 그들이 가리키는 그림자를 보면서 빛을 예감할 수 있을 뿐이다.

삶의 지혜는 그림자가 아니고 빛이다. 그러나 빛 자체는 손에 잡히지 않는 것이며 어둠과 침묵을 가르는 찰나적이고 불완전한 존재의 표현일 뿐이다. 빛은 없음에 대한 있음일 뿐, 의문에 대한 보편적인 해답을 지니고 있지 않다.

온전함, 행복감 등은 개개인 각자의 느낌에 의해서 달성되는 순간적인 것이며, 그러한 느낌마저도 지속하고자 하는 욕망으로 바뀌게 되면 욕망이 곧 삶의 우상이 되고 허상이 되어 사람들을 고뇌하게 한다.

애당초 존재의 심연은 허공이다. 존재는 없는 것이다. 그대로 있음이 곧 없음이요, 없음이 곧 그대로 있음이다. 각자의 깨달음이 곧 존재의 신비이며, 바람꽃이다.

가르침은 말뜻 그대로 삶의 신비를 향한 가리킴 일뿐 그 이상의 것이 아니다. 가르침은 손가락에 불과하며 삶의 신비는 손가락이 가리키는 그 넘어 바라보이는 달빛이다.

나무, 미풍, 별빛, 그리고 주변에 흐르는 침묵 속에서 스스로 깨우쳐야 할 바람꽃의 신비가 숨 쉬고 있다.

하늘반지

대홍수 뒤에 나타난 무지개는 신이 인간에게 맺어준 새로운 언약을 의미하였고 유럽에서는 빛나는 무지개가 하늘과 땅을 부부로 맺어주는 결혼반지라고 상상하였다.

북미 인디언들은 하늘이 무지개를 통하여 지상의 곡식에 신성한 축복을 내린다고 여겼고 오스트레일리아 원주민들은 무지개를 통하여 비를 내리게 할 수 있다고 상상하였다. 티베트의 요가 수행자들은 무지개가 죽음과 삶을 연결하는 우주의 기운이라고도 생각하였다.

이와 같이 여러 지역의 사람들은 공통적으로 삶을 확장시키고 삶 너머와 하나 되게 하는 것으로 무지개를 상상하였다. 무지개는 사람들에게 바람꽃과 같은 존재였다.

어느 여배우가 영화 촬영 도중 과도한 노출에서 오는 모멸감과 자존심 손상으로 불면증에 시달리다가 목매어 자살한 사건이 일어났다.

사람들이 도시의 정글 속을 살다보면 본의 아니게 자기 페이스를 잃고 실족하는 경우가 허다하다. 그녀는 유서에서 어머니에 대한 애틋한 사랑을 남겨놓았지만 그녀의 사랑은 현실에서 꽃피우지 못한 체 지고 말았다.

사람들이 체감하고 있는 삶이란 진정 부족한 것일까? 이 세상은 필요 이상의 욕심을 채우기에는 부족하지만 최소의 것만을 추구하기에는 풍요로운 것이다.

바람꽃은 한줄기 무지개의 꿈이다. 바람꽃이 자유로운 것은 아무것도 가지지 않았기에 자유로운 것이다. 자유롭기에 땅에 살면서도 하늘과 함께 할 수 있다. 허공에 핀 바람꽃은 막힘이 없고 막힘이 없기에 삶과 죽음을 하나 되게 하고 하늘과 땅을 하나 되게 한다. 하나이기에 홀로 살면서도 외롭지 않고 하나이기에 있는 그대로 행복하다.

부즉불이, 수레바퀴

17. 행복한 죽음

삼십대의 남자가 부유층 노인들을 살해한데 이어 십여 명의 젊은 여성들을 연쇄 살해하였다. 범인은 어려운 환경에서 자라나서 사회적 반감이 부유층에 대한 증오심으로 확대되고 결국 고급 주택가에 사는 범행하기 쉬운 노인들을 상대로 무작위 연쇄살인을 벌렸다. 이어서 아내로부터 이혼을 당하고 그 후 재혼을 하려 했지만 전과 때문에 거절당하자 같은 부류에 속한 여자들에 대한 증오심이 싹트게 되고 전화방 도우미, 출장 마사지 여성들을 상대로 무작위로 자기 집 오피스텔로 유인하여 연쇄 토막 살인을 저질렀다.

인간의 행위가 이성에 의해 통제되지 못하고 감성에 치우지게 되면 상상을 초월하는 광기어린 일들이 벌어진다.

고갱을 흠모하던 고호가 자기 귀를 잘라버린 사건도 일상적인 감성으로는 이해되기 어려운 일이지만 그 순간에 있어서 누구에게나 있을 수 있는 일이며 단순히 예술가의 광기로만 치부할 수 없다. 일상생활이 복잡해질수록 잠재된 광기가 더욱 표출되기 쉽다. 연쇄토막살인 사건도 초월적인 감성에 의해 표출된 여러 가지 광기 중의 하나일 뿐이다. 광기는 모든 인간이 지닌 감성의 심연 속에 항시 잠재되어 있는 것으로 어둠 속에 꽈리를 틀고 있는 뱀의 독이 언제 어떤 형태로 표출될지 예측할 수 없으니 누구나 광기로부터 예외 일 수는 없다.

감성이 일상에 부합하면 해학이 될 수 있지만 일상을 넘어서면 광기가 된다. 바람꽃의 춤사위는 해학과 광기가 한데 어우러지는 가운데 꿈과 현실 사이를 넘나든다.

돈과 섹스와 죽음

돈과 섹스와 죽음의 관계는 무엇인가? 살아가면서 스스로 해답을 찾아야하는 물음. 돈과 섹스와 죽음은 각각 별개의 의미를 지니면서 동시에 삶 속에 깊이 혼재되어 매 순간마다 복합적으로 작용한다.

돈과 섹스와 죽음은 삶의 바구니 속에 함께 뒤엉킨 체 꽈리를 틀고 있는 세 마리의 뱀과 같다. 돈을 쫓다보면 섹스에 이르게 되고 섹스를 쫓다보면 죽음에 이르게 되니 돈과 섹스와 죽음은 서로 꼬리에 꼬리를 물고 돌아가는 형국이다.

지상에서 태어난 모든 생명체는 숙명적으로 스스로의 목숨을 부지해야 하는 운명에 처해있다. 돈은 목숨을 부지하는데 필요한 의식주를 보장해 주고 물질의 속박으로부터 일시적인 자유를 준다.

돈은 일정기간 동안 육체적인 안정과 물질로부터의 해방을 보장하고 몸나가 요구하는 일차적인 욕구를 충족시켜 준다. 동서고금의 모든 이념과 전쟁과 피와 땀은 몸나의 일차적인 욕구 해소에서 시작된다.

섹스는 생물들이 진화하는 과정에서 추구해온 적자생존과 종족보존에 바탕을 둔다. 섹스는 육체적인 우열 경쟁을 통하여 유한한 몸나로부터 무리로 확장하려는 이차적인 욕구를 충족시킨다. 섹스는 정글의 법칙하에 벌어지는 치열한 경쟁 속에서 고독한 생존으로부터의 긴장을 이완시키고 내가 너를 통하여 확장되어 나가는 사랑의 즐거움을 충족시켜준다.

뿐만 아니라 섹스는 자기 확장을 추구하는 과정에서 인류의 예술적 창작 욕구와 종교적 내세관의 뿌리가 되어 왔다. 그러나 아직까지 그 어떠한 예술과 종교도 동서고금 모든 인류의 성문제를 포괄적으로 충족시키지 못하고 있으니 이것이 예술과 종교의 한계이다.
돈과 섹스는 삶의 문제이지만 죽음은 다른 의미가 있다. 삶과 대치되는 죽음은 가상의 죽음이며 산자가 말할 수 있는 죽음이 아니다. 산자가 말할 수 있는 죽음은 삶의 일부로써의 죽음이다. 죽음을 불청객으로 생각할 수도 있지만 죽음은 배척할 대상도 두려워할 대상도 아니다. 삶이 깊어질수록 죽음은 더욱 가까이 다가서는 진정한 반려자이다. 빛과 그림자가 함께 하듯이 삶과 죽음은 분리될 수 없는 하나이다.
삶이 있으니 죽음이 있고 죽음이 있으니 삶이 있다. 이미 삶은 하루의 죽음을 통하여 매일매일 새롭게 태어나고 있지 않은가! 죽음은 사랑을 통하여 내가 너로 확장되고 무리와 하나가 됨으로써 고독을 극복하고 전체와 합일할 수 있게 한다.
죽음은 일차적인 몸나를 넘어서 광의적인 참나로 확장되어 나가는 과정에서 스스로 깨닫게 되는 체험이다. 어느 누구도 몸나를 탈피하기 전에는 온전한 사랑을 말할 수 없다.
내가 죽어 너로 부활하는 죽음만이 타오르는 삶의 마지막 불꽃이며 그러한 삶의 꽃이 피기 전에 누가 진정 죽음을 말할 수 있으랴! 죽음은 삶의 지극함 속에서 피어나는 바람꽃이자 삶의 완성이다.

생사

무에서 유는 시작이요 유에서 무는 끝이니, 시작이 끝이요 끝이 시작이다. 직선에서 원이 시작되고 원에서 직선이 끝을 맺으니 시작도 끝도 없는 순환 속에 만물은 생멸한다. 삶 속에 죽음이 있고 죽음 속에 삶이 있으니 삶과 죽음은 오고 간다. 수컷이 암컷을 먹겠다고 하나 수고로움 뿐이고 실상은 암컷에게 먹히고 암컷은 수컷을 먹고 번식하다가 암컷 자신도 자손을 남기고 텅 빈 껍질만 남긴 체 스러져 간다.

생명의 끝은 바람이 스쳐간 들판에 시작을 묻는 것이니 봄의 새싹이 하얀 속살을 드리우고 해골을 품는 격이다. 산자와 죽은 자가 함께 무덤에 왔다가 잠시 헤어지는 것과 같다.

삶과 죽음을 동시에 받아드릴 수 있는가? 이에 대한 해답은 오직 하나 뿐이다. 삶을 지극히 음미해 보면 죽음과 삶이 대립적인 것이 아니라 동시적인 것임을 깨닫게 되고 죽음을 삶의 일부로 받아들이게 될 때 삶과 죽음 사이에 경계가 없어진다.

죽음이 무엇이냐 물으면 삶이라 대답하라. 바람꽃이 필 때 세상은 함께 피고 바람꽃이 질 때 세상은 함께 진다. 우연한 존재라면 없어져도 될 것이며 필연적인 존재라면 어떤 형태로든 있을 터이니 죽어도 변할 것은 없지 않은가?

주검

죽으면 어디에 묻어줄까? 결투 중에 상대가 묻자 무사는 하늘아래 어디든 상관없다고 말한다. 사람들은 죽음에 이르기까지 살아가는 과정도 문제지만 그에 못지않게 죽은 후 시신의 처리에도 지대한 관심을 가지고 있다. 한 평생 살아온 삶이 소중한 것이니 마지막 시신의 처리에 소홀히 할 수 없는 일이다.

동서고금 문화의 차이에 따라 시신에 대한 사후 처리에는 매장, 화장, 수장, 풍장 등 여러 가지가 있다. 심지어 어느 부족은 가족의 시신을 귀하게 여겨 유족들이 시신을 먹는 풍습도 있으니 시신을 처리하는 방법은 다양하다.

묘지를 택할 때 풍수지리를 논하고 동서남북을 논하고 화장한 유골에 대해서는 유골함에 보관할지 바람에 날릴지 강물에 뿌릴지 등등 이미 끝나버린 주검에 대한 처리가 삶보다 더 복잡하다. 그것은 산자들이 주검을 삶의 연장선상에 이어보려는 죽음에 대한 각별한 관심과 미혹의 소산이다.

시신으로 인해 주위에 혐오감을 주지 않고 환경적으로 건전한 방법이라면 시신처리는 단순하고 소박한 것일수록 좋다. 바람꽃처럼 살아온 인생이라면 남겨진 주검의 거처에 대해서 별스러움 없이 하늘아래 어디든 상관없지 않은가?

평등

남극의 혹한 속에서도 수십 여종의 생명체가 생존하고 있는 것은 무엇을 의미하는가? 살아있다는 것은 그토록 질기고 모진 것이다.

한 평 공간의 쪽방에서 삶을 부지하고 사는 도심 속의 빈민가는 문명의 거울 속에 드리워진 어두운 이면이다. 좋을 것도 나쁠 것도 없는 무너진 존재의 잔해가 차마 쉽지도 못하고 체념의 동공 너머로 방황하는 유령처럼 도심의 뒷골목을 배회한다.
잃어버린 망각의 늪에서 회복될 수 없는 존재로 침묵하고 있다. 바람꽃은 어디로 갔는가? 슬픈 미소마저 추억이 되 버린 자궁 속 전설처럼 한 호흡 한 호흡마다 각혈이 고인다.
하류20%는 월 백여만 원 이하에 살고 상류20%는 월 육백여만 원 이상에 산다. 이하라 하니 얼마나 적을지, 이상이라 하니 얼마나 많을지 숫자만으로는 그 빈곤과 그 호사스러움의 정도가 어떤 대조를 이룰지 모를 일이나 그런 왜곡된 부의 분배를 능력의 탓으로 돌려야 하는가? 운명의 탓으로 돌려야 하는가?
하지만 여섯 배가 아닌 육백 배의 차이가 있다 한들 무얼 그리 서럽겠는가? 많고 적음이란 단지 삶의 방편일 뿐 삶을 비추는 죽음의 거울 앞에서 모두 다 평등하지 않은가?

황금미라

태양아래 사막 속에서 수천 년의 세월동안 잠들어 있던 파라오의 무덤. 그곳을 파헤친 자들의 죽음과 파라오의 저주가 세월의 의미를 되새긴다. 문명과 문명 사이에 단절된 흐름이 어느 날 갑자기 만나면서 마음속 심연에 잠들어 있던 무의식을 일깨운다.
소년 미라의 황금마스크 너머에는 수천 년의 세월이 신비를 간직한 체 무덤의 입구에 비문을 남기고 있다. 이곳을 넘는 자는 죽으리라!

실제로 무덤 발굴에 관련된 수십 명의 사람들이 죽음을 맞이한다. 후세 사람들은 그 죽음은 산자와 죽은 미라 사이에 세월의 차이에 따른 이질적인 세균감염에 의한 것이라고 결론을 내린다.
그 죽음이 파라오의 저주에 의한 것인지 우연한 죽음인지 단절된 세계간의 이질적인 세균의 감염에 의한 것인지 그 진위가 어찌되었든 황금미라는 죽어도 죽지 않는 모습으로 침묵을 가르치고 있다.
황금은 변하지 않는 보물의 상징이지만 변하지 않는 것이 어디 황금뿐인가? 죽음을 바라보는 세인의 마음 또한 그러하다. 역사는 묻히고 파헤쳐지는 가운데 사라진 문명이 다시 태어나고 사람들은 신비를 꿈꾸며 바람꽃의 춤사위를 펼쳐간다. 황금미라는 죽음을 넘어서고자 하는 삶의 의지를 상징한다. 주검을 보며 삶과의 단절을 용납할 수 없는 것이 사람들의 마음이다. 사람들은 순간을 살면서 영원을 꿈꾼다.
꿈은 꿈속에서만 살아있다. 죽음을 죽음 이상으로 보려는 것은 삶에서 오는 착각이다. 태양이 바람을 일으키면 사막에는 모래폭풍이 불고 모래들은 지평선 위로 비상할 것이지만 그것들은 결국 사막에 또 다른 지평선을 이룬다.
역사는 사막의 지평선과 같다. 열사에 휘날리는 무수한 모래알들은 부서진 바위의 파편이자 세월 속에 사라져간 수많은 주검들이다.
이제 그러한 주검과 주검이 사막의 지평선을 이루고 바람꽃을 맞이한다. 수많은 무덤들이 모래폭풍 속에 묻힌 체로 태양아래 침묵한다. 살아 있음은 스쳐가는 바람꽃이다. 바람 위에 바람으로 모래 위에 모래로 지평선을 이루며 세월을 이어간다. 투탕카멘 소년은 황금미라로 변신한 체 오늘도 침묵을 속삭인다. 작열하는 태양마저 저물고 모든 사념들이 사라져 버린 열사의 지평에 어둠이 나리면 별빛은 차가운 밤하늘에 바람꽃을 수놓으며 하루 밤의 영광을 또다시 꿈꾸리라.

죽음의 자유

죽음은 삶과 결부되어 있을 때만 진정한 의미를 지닌다. 삶과 분리되어 끝나버린 죽음은 이미 죽음이 아니다.

인간이 삶의 연장선에서 죽음을 바라보고 자신이 외부로부터 타 존재에 의해서 붕괴되는 것이 아니라 육체라는 일시적인 감옥으로부터 스스로 해방되어 허공과 하나 되는 과정임을 깨닫는다면 죽음의 단절이라고 여겨지던 공포로부터 자유로울 수 있다.

불행을 모르고서야 어찌 행복할 수 있을까? 인생에서 불행을 모른다면 그것은 행복이라 하여도 이미 행복이 아니다. 행복이 불행과 함께할 때 행복할 수 있다는 것은 삶의 모순이자 실존적 의미를 지닌다.

인간은 인간적인 것이기에 인간 이외의 것은 상상 할 수 없으며 인간은 인간적임으로써 완성을 이룬다. 자살하는 자의 죽음도 자기 스스로의 결단에 의해 죽는 것이므로 생의 포기이기에 앞서 죽음으로 확장해 나아가는 자기 확립의 시도이다. 인간은 자기 확립을 위하여 자유를 추구한다. 자유의 한계는 어디까지인가? 아무리 무한한 자유를 누린다 하여도 인간은 많은 점에 있어서 제한된 구속 하에 놓여 있다.

육체적인 죽음과 질병, 환경이나 기후 등의 영향, 생계를 위한 노동, 우연한 만남과 인연, 진리에 대한 기준, 행위에 대한 목적 등이 자유를 구속한다. 자유는 근본적으로 제한을 받지만 인간은 자유를 추구하는 한 행복하다. 바람은 꽃이 되고 꽃은 바람이 되니 생과 사의 흐름도 그와 같다. 때로는 바람으로 때로는 꽃으로 때로는 삶으로 때로는 죽음으로 허공 속에 한바탕 춤사위를 펼치니 이것이 바람꽃의 자유로움이다.

행복한 죽음 1

삼월인데 대지에는 아직 잔설이 남아 있다. 한해를 보내고 신정을 맞으니 벌써 정월이 지나고 이월이 지나 구정을 보내고 추위 속에서 동면하던 경칩도 지나고 삼월을 맞으니 이른 봄을 시샘이라도 하듯 때 아닌 폭설이 내리고 이제는 그 잔설을 밟으며 사람들이 상가 노변에서 여러 가지 물건들과 바쁜 일손과 찬바람을 견디어 내리라는 기다림으로 도시와 하늘과 아스팔트와 콘크리트 건물 사이를 오가며 일상의 흐름을 이룬다.

부지런함과 노력은 기본이고 업무능력은 숙달된 것이니 문제될 것이 없다. 사람 사귀는 것이 쉽지는 않지만 그것도 큰 문제는 아니다. 십년 넘게 사업을 하면서 봉봉이 뛰는 인생과 골골이 기는 인생들을 바라보며 인생이란 시운인가? 도박인가? 자문해 본다.

환경에 영향을 받는 것은 당연하지만 새삼 시운이 노력이나 능력 못지않게 중요함을 실감한다. 인생을 시운의 탓이라 하고 도박이라 하여 노여워 할 것도 서러워 할 것도 아니다.

삶의 긴장은 한시적이고 삶의 무게 또한 비롯과 마침이 있는 법이다. 인생은 수고로움 뿐이고 기쁨이라 하여도 돌이켜 보면 인생 9할은 괴로움 뿐이지만 그래도 1할의 행복이 있기에 인생은 살만한 것이 아닌가? 그러기에 죽음의 순간에도 삶을 바라보며 행복한 죽음이길 바란다.

행복한 죽음이란 다가오는 자연의 리듬 앞에서 머뭇거리지 않는 것이다. 발버둥치는 것은 삶의 입장에서나 죽음의 입장에서나 바람직하지 않다.

어느 수행자는 식음을 전폐하고 정좌한 체 보름을 견디다가 미라가 되고 어떤 사람은 교통사고나 암에 걸려 죽기도 한다. 또 어떤 사람은 한낮에 오수를 즐기다가 잠들 듯이 죽기도 하고 어떤 사람은 마라톤 도중에 심장마비로 죽기도 한다.
어느 것이 행복한 죽음인지는 사람마다 다르지만 죽음의 거울 앞에 모두 평등하다는 사실이 행복한 죽음으로 남겨진 것이다.

행복한 죽음 2

가을에 물든 나뭇잎들이 바람결에 떨어진다. 한때 태양과 바람을 즐기다가 이제 본래의 모습으로 돌아간다. 낙엽은 겨우내 거름이 되었다가 봄이 되면 새 생명으로 부활한다.
진시황은 불로초를 구하려고 선남선녀까지 동원하였는데 요즘 시장에 나가보면 불로초라는 푸성귀를 쉽게 접할 수 있다. 죽지 않고 오래 살려는 인간의 욕망이 일상생활 속에 깊이 뿌리박고 있다.
어디 그 뿐인가? 사람들은 불사조, 불사신이라는 가상의 존재를 만들어 신화를 만들고 게임이나 흥행물 속에 죽지 않는 인물을 등장시켜 불사를 대리 만족한다.
어찌 보면 한시적인 삶을 살고 있는 사람들에게 죽지 않는다는 것은 대단한 매력일지도 모른다. 그러나 푸르른 여름이 지나고 나면 가을이 오고 가을이 끝날 무렵이면 나무들은 모든 잎을 떨치고 나목으로 겨울을 맞이한다. 겨울이 깊어 가는 계절에 아직 떨어지지 못한 잎이 앙상한 나무 가지에 매달린 채 창백한 모습으로 삭풍에 흩날리고 있다면 그것이 과연 불사의 모습일까? 가을이 깊어지면 낙엽이 되고 새싹을 돋우는 거름이 되는 것이 자연의 순리에 따라 불사를 이어가는 참모습이 아닌가? 산소마스크에 의지하고 대소변을 남에게 의지해야 하는 처지라면 그것은 불사의 매력이라기보다 불사로 인한 고통이다.
사람마다 정신적, 육체적인 차이는 있지만 육십 세 까지는 그런대로 본인의 노력과 의지만 있다면 주위에 도움을 베풀면서 살 수 있다. 육십 넘어 팔십 세에 이르는 동안은 애써 노력해야 겨우 주변 신세를 면하고 살 수 있을 정도이고 팔십 세가 넘은 나이에는 어쩔 수 없이 주위로부터 신세를 지고 살아야 하는 것이 육신의 처지이고 보면 바람꽃이 피고 지는 시기가 언제쯤인지 행복한 죽음이 어떤 것인지 헤아려야 하리라.

순환

혼돈이 지나고 태초의 침묵 속에서 생명이 번성하기 시작하여 오늘날 지구상에 육십억 인류가 넘쳐나고 일상 속의 삶은 탐진치로 가득하니 겁 없는 인간들은 망망한 우주대해에서 외로운 혹성의 자손임을 잊고 사는 것인가?
태양에너지는 거의 무한정이라 하여도 지구상의 물질은 한정되어 있고 경제개발과 함께 물질은 끝없이 분산되어 바람도 물도 자정하기 힘든 지경에 이르렀으니 아름다운 자연을 경외해야할 마음은 어디로 갔는가? 지구는 다양한 생명을 품고 있는 모태이자 그 자체가 생명을 지닌 유기체로써 오늘날 지구 환경문제를 부분적인 처방으로 치유할 수 없는지라 고비사막에서 불어오는 황사를 막으려 주변 국가들이 녹화사업을 전개하려함도 아마존의 거대한 밀림을 파괴하는 당사국의 경제개발을 선진국들이 제한하려함도 이런 연유에서이고 시민의 주검이 매장에서 화장으로 변하는 것도 환경보존의 한 방법이고 보면 이제 환경문제는 범지구적인 관심사이다.

과도한 소비는 폐기물을 증가시키고 부절적한 사후처리는 이차적인 환경오염을 일으키고 있다. 적게 먹고 적게 쓰면 폐기물도 적게 나올 것이지만 그렇지 못한 상황에서 대도시를 중심으로 확산되고 있는 폐기물처리는 지역간 국가간 이해관계를 넘어 세계적인 문제이다.

각 나라마다 경제발전을 우선하다 보니 환경보전은 뒷전으로 밀리고 예방환경보다 사후환경에 급급하다보니 환경은 열악해져서 장차 지구상의 모든 종의 보존에 문제가 되고 있다.

상품은 물론이고 육신마저 죽어지면 폐기물이 되고 말진데 이제 폐기물을 쓸모없는 것으로 인식하기보다 다시 태어나는 생명의 바람꽃으로 인식해야 하리라.

폐기물은 삶의 자취이고 삶의 역사이다. 위대한 문명도 인류가 남긴 잔해인 점에서 광의의 폐기물이라고 한다면 무가치하게 버려지는 폐기물도 갈고 닦음에 따라 바람꽃으로 피어날 수 있다. 보는 관점에 따라 폐기물이 이같이 다르니 이 세상에 무가치하다고 버려질 것이 어디 있는가?

폐기물을 우주선에 실려 외계로 떠나보낸들 그 양은 티끌이요 밤하늘에 쏟아지는 유성의 잔해 이외에 지구로 유입되는 물질이 없으니 유한한 지구에서 무엇을 버리고 얻으리. 지구에 붙어사는 생명체인 한 지구상의 어떠한 것도 폐기물이라 하여 치부할 수 없다.

물질로 에너지를 생산하기는 쉬우나 에너지로 물질을 창조하기는 어렵기 때문에 사라진 마야문명이나 앙코르문명을 교훈 삼아 지구상의 한정된 물질의 분산속도를 낮추고 발생되는 폐기물을 재순환 이용해야 하리라.

춤, 수묵담채화

석상

언제적부터인지 닫힌 사원에 석상 하나 외로이 혼자 서있고
주위에는 꽃들이 피었습니다.

축제 때면 찾아오는 사람들 마다 한결같이 석상을 바라보면서
행복스런 모습이라 하였습니다.

그럴 때면 아니라고 대답하여도 그들은 알아듣지 못했습니다.

발아래 드리우는 그림자 따라 종일토록 오가는 일상 속에서
똑같은 하루하루를 보냈습니다.

세월이 흘러서 자란 석상은 처음으로 담장 밖을 바라봅니다.

굽이굽이 감싸 도는 돌담 아래로 시냇물 속삭임이 들려옵니다.

바람 따라 나르는 산새이야기 계절 따라 바뀌는 숲 속이야기
남김없이 실어 와서 들려줍니다.

바깥이 이제는 그리워지고 지난 삶이 시리도록 서러워져서
그믐달 깊은 밤 남모른 밤에 석상은 담장을 넘어봅니다

한 걸음 두 걸음 넘기도 전에 무너져 산산이 흙이 되 버린
자신의 주검을 바라보다가 새벽종소리에 깨었습니다.

사진

벽에 걸린 사진 속에
먼저 떠난 사람도
아직 남은 사람도 함께 있다

백년도 못되어 사라질 얼굴들
사진 밖을 서성이며
가버린 이름을 그리워하는 것은

오고가는 세월 속에
모두가 하나임을
스스로 잊고 살기 때문이다.

18. 가깝고도 먼 길

행복은 어디에 있는가? 동서고금을 막론하고 인류의 궁극적인 관심사 중의 하나가 행복이다. 사람들은 태어나서 나이가 들어감에 따라 자신도 모르는 사이에 행복한 모습을 잃어가고 있다.

사람들은 살아가면서 점차 욕심이 많아지고 반복된 하루가 권태롭고 사는 것이 우울해지고 눈동자에는 거짓이 담기고 점차 웃음마저 잃어간다. 이런 것들은 행복을 잃어가는 불행의 시작이자 늙음의 상징이다.

이를 극복하기 위하여 사람들은 여러 가지 방법을 동원한다. 마약, 음주, 도박, 섹스, 모험 등과 같은 환락에 빠져 행복을 추구하기도 하고, 주위, 신념, 종교 등과 같은 정신활동으로 행복을 추구하기도 한다.

그러나 환락은 일시적인 감각활동으로 그 순간이 지나면 사라져버린다. 주의, 신념, 종교 등은 의지로 얻을 수 있지만 인위적인 것이므로 어느 시기에 의지가 바뀌게 되면 변화될 수 있는 것들이다. 지속적이고 자연스런 행복은 아니다. 그렇다면 진정한 행복은 어디에 있는가?

행복은 평범 속에 있다. 쉽게 접할 수 있고 실제로 느낄 수 있는 행복은 천진무구한 웃음에서 찾을 수 있다.

아이들은 많은 것을 요구하지 않고 단순하다. 아이에게는 매일 매일의 삶이 신비스럽고 새롭다. 아이는 주위의 모든 것을 있는 그대로 받아들인다. 아이의 생각은 자유롭다. 아이에게는 사는 것이 곧 즐거움이다. 아이의 눈동자에는 순수함이 담겨있다. 아이의 웃음에는 행복이 깃들어 있다.

행복의 바람꽃은 아이의 참모습에 있다. 나이가 어리다고 모두 아이가 되는 것이 아니다. 나이가 많다고 아이가 못되는 것도 아니다. 나이가 행복의 기준이 되지 않는다. 아이 같은 노인이 있는가 하면 노인 같은 아이가 있기 때문이다.

진정으로 행복한 사람은 나이가 들어도 웃음을 잃지 않고 언제나 가슴 속에 바람꽃을 가꾸며 산다.

행복의 기준

일인당 국민소득이 삼만불이 넘는 선진국 사람들이 일인당 국민소득이 천불도 못되는 오지의 사람들 보다 더 행복하지 못한 것은 무엇 때문인가? 물질의 풍요가 곧 행복의 척도는 아니다. 상대적인 빈곤감이 불행을 느끼게 하는 것이지 빈곤자체가 불행을 느끼게 하는 것은 아니다. 행복의 기준은 물질적인 풍요에서 오는 것만은 아니다.

사람은 살아가는 동안 육신을 입었으니 최소한의 물질적인 공급이 필요하지만 물질이 충족되었다고 행복한 것은 아니다. 행복은 구속에서 벗어난 해방감에서 느낄 수도 있고, 원하는 바가 이뤄진 성취감에서 느낄 수도 있고, 자기완성에 도달한 일체감에서 느낄 수도 있다.

절대적 행복이란 없으며 행복에 이르는 절대적인 기준도 없다. 행복의 기준은 개인마다 다르고 개인마다의 행복도 주변의 변화에 따라 시시각각 변한다. 행복은 소리 없이 왔다가 소리 없이 가버리고 그때는 몰랐지만 세월이 지난 후에야 느끼기도 하는 것이 행복이다.

행복이 무엇이냐고 묻는다면 사람마다 여러 가지로 대답할 것이다. 한 끼 식사로 배고픔을 달랬을 때, 남녀 간에 사랑을 느낄 때, 사업에 성공했을 때, 시험에 합격했을 때, 한 송이 꽃을 바라볼 때, 고요하게 기도할 때, 편안하게 휴식할 때 등등 일상 속의 해방감과 성취감과 일체감에 따라서 각각 느끼는 행복이 다르다.

똑같은 삶을 살아가면서도 삶을 살아가는 마음 밭이 어디 있느냐에 따라서 행복을 느낄 수도 있고 불행을 느낄 수도 있다. 행복을 느끼는 요인은 자연적인 것일 수도 있고 사회적인 것일 수도 있다.

자연적인 행복감은 계절의 변화나 생체리듬에 따라서 느끼는 본래의 감정이지만 사회적인 행복감은 주변과의 관계에서 느끼게 되는 상대적인 감정이다.
사람들이 불행하다고 느끼는 것은 사회생활 속에서 상대적인 감정에 휘둘린 것으로 이는 매우 불안정한 감정이다.
상대적인 감정에 휘둘리지 않고 본래의 감정에 자족하는 것이 바람꽃이요, 행복에 이르는 길이다.

노숙자

세포들이 모여 여러 장기를 이루고 각각의 장기마다 주어진 기능을 발휘함으로써 하나의 생명체가 유기적인 활동을 한다. 개성을 지닌 사람들이 사회 조직의 일원으로 활동하고 각각의 사회단체가 모여 국가를 형성한다. 뿐만 아니라 국가 간에 벌어지는 전쟁과 평화 속에서 파괴와 건설이 반복되며 세계의 역사를 이어간다.
세계의 역사를 품어 안고 장구한 세월 동안 지구가 태양계의 궤도를 달리고 태양은 여러 혹성들을 거느린 체 밤하늘 은하수 한 자락의 작은 별로써 광활한 시공을 항해하고 있다. 이러한 은하계가 무수히 모여 광활한 우주를 이루며 현상계에 바람꽃의 춤사위를 펼친다.
세포를 이루는 미세한 원자에서 천문학적인 우주에 이르기까지 수많은 단계를 거치면서 끝없는 파괴와 재결합의 질서가 이뤄지는 가운데 현상계에 바람꽃이 피어나고 있다. 존재의 긴장은 시공을 동반한 체 무의 절대세계로부터 현상계의 상대세계를 넘나든다. 원자와 세포와 동식물과 지구와 태양계와 은하계가 우주로 확장되는 무수한 단계를 통하여 각 단계마다 분화와 통합을 반복하며 존재의 효율성에 제각기 의미를 부여한다.

인간의 효율성은 어디에 있는가? 개인의 자유와 행복을 위하여 개인의 역할과 사회단체의 역할과 정부의 역할과 국가 간의 역할에 있어서 어떠한 것이 다수의 행복과 자유를 위하여 효율적인 기능을 발휘할 수 있는가?

출퇴근길에 하얀 수염이 텁수룩한 남자가 지하철 콘크리트바닥에 앉아서 인도의 성자처럼 정좌하고 있다. 전에는 공장에서 일한적도 있지만 지금은 힘든 일은 할 수 없고 결혼을 하지 않아 처자도 없다.

얼마 전까지 부랑자 합숙촌에서 지내다가 그곳을 나와서 지금은 노숙하고 있고 언제 다시 돌아갈지 모른다. 그가 하는 일이란 출퇴근길에 지하철역에 앉아있는 것이 전부다. 쉬운 일은 없고 힘든 일은 할 수 없고, 수중에는 돈 한 푼 없으니 춥고 배고프다. 이러한 삶 속에서 개인의 자유와 행복은 어디에 있는가? 개인이 할 수 있는 역량과 사회단체가 할 수 있는 역할과 정부가 할 수 있는 것은 무엇인가?

어떠한 것이 소수를 포함한 다수에게 행복을 가져다 줄 수 있는 것인가? 정부와 무정부, 개인과 단체라는 흑백논리보다 모두가 자유롭고 행복할 수 있는 실제적인 방안은 무엇인가?

세포들이 모여서 한 생명이 살아가고 있고 하나의 세포가 죽었다고 그 생명이 전부 죽은 것은 아니다. 믿으라! 그렇지 않으면 지옥에 가리라! 전철 안에서 누군가가 피곤한 시민들의 잠을 깨운다. 이미 침묵은 깊고 노숙자이건 지하철이건 지옥은 어디에나 있어 왔다. 자유와 행복을 찾기 전에 진정한 의미의 자유와 행복이 무엇인지 생각해야 하리라.

살아있다는 것은 존재의 긴장이며 죽음을 넘나드는 게임이다. 병렬로 갈지 직렬로 갈지 게임의 방향은 스스로 정해야 하는 것이 아닌가?
자유로운 영혼이여! 인생에서 주저할 것은 아무 것도 없다. 바람꽃의 춤사위는 어느 곳에서나 펼쳐지고 있나니.

펀생펀사

한낱 흙에 불과한 것이 도자기로 다시 태어날 수 있는 것은 불을 통해서 달궈지기 때문이다. 흙을 빚어 가마에 구울 때 불기운이 1100도 정도에서는 도기가 되고 1300도 까지 이르러야 고려청자나 이조백자와 같이 아름다운 자기가 된다. 보잘것없는 흙이 불에 달궈짐으로써 전혀 새로운 모습으로 태어나는 것이다.
무미건조한 삶을 새롭게 변화시킬 수 있는 인생의 불은 무엇인가?
창조를 위해서는 정열이 필요하고 정열은 바로 일상의 즐거움(FUN)에서 시작된다. 어차피 인생에서 가져갈 것이라곤 아무것도 없다. 그러니 무엇을 주저하고 무엇을 애달파할 것인가? 근심걱정은 골수를 상하게 할 뿐 인생에 도움이 되지 않는다. 즐겁게 사는 것이 현명한 인생이요 즐겁게 죽을 줄 아는 것이 성숙한 인생이다.
흙이 불을 통해서 도자기로 새롭게 태어나듯이 인생도 즐거움을 통하여 새롭게 태어난다. 우울한 인생은 허공 속에 펼쳐지는 바람꽃을 보지 못하고 진흙 속에 드리워진 그림자를 보는 것과 같다. 마음이 비어야 탐진치에서 놓여날 수 있고 자유로움이 있어야 신선함이 있으며 신선함 속에 즐거움이 있다. 인생이 뜨겁게 달궈지려면 시련이 따르게 마련이고 시련을 즐길 수 있는 정열이 필요하다. 약한 불에 구워낸 도기는 물기가 스며들어 약하지만 강한 불에 구워낸 자기는 물기가 스며들지 않고 단단하듯이 지칠 줄 모르는 정열은 어떤 시련 속에서도 삶을 북돋우어 준다.

흙이 불을 통하여 새롭게 태어나듯이 바람꽃의 춤사위는 시련 속에서 피어난다. 외모로 허세를 부리는 폼생폼사(FORM生FORM死)가 아니라 즐겁게 살고 즐겁게 죽을 줄 아는 펀생펀사(FUN生FUN死)가 진정한 바람꽃의 모습이다.

시련을 즐기며 살아라. 인생에서 즐거움이 없다면 허공이다.

고향과 친구

사람들은 살아가면서 수많은 시련과 고뇌를 넘어야 하고 때로는 불행을 극복하기 위하여 이해만으로 해결되지 않는 그 무엇에 대하여 감성에 의존해야 한다.

누구나 태어난 곳이 있고 스스로를 향한 회귀본능이 있기에 향수와 그리움이 있게 마련이다. 그리움이란 자기 자신의 내면에 던져진 물음이기에 마음속의 고향을 그리워한다. 자신의 존재를 함께 나눌 수 있는 친구가 있기에 고향이 더욱 그리운 것이다.

친구는 개체로 태어난 생명이 전체에 이르는 통로이다. 친구는 대지에서 태어난 모든 생명들이 본래로 향하는 길목에서 만나게 되는 동반자이자 바람꽃에 이르는 매체이다. 그러기에 친구는 삶 속에서 부딪히는 모든 만물 속에 깃들어 있으면서 자신의 모습을 보여주는 거울이다. 그 거울을 보면서 고향을 느끼고 스스로의 회귀본능에 안기게 된다.

홀로 태어나서 홀로 떠나야 하는 고독한 인생에서 행복할 수 있는 것은 돌아갈 고향이 있고 함께 할 친구가 있기 때문이다.

그러나 고향산천은 없어진지 오래이다. 친구도 이미 가고 없다. 도시에 남겨진 수많은 유령들 속에서 이제 외로운 사람들끼리 스스로의 그늘을 찾아야 하고 흩날리는 바람꽃에서 속삭임을 들어야 한다. 만나는 그림자 속에서 고향을 느끼고 스치는 바람 속에서 친구의 속삭임을 들을 수 있는 사람이라면 그나마 외롭지 않다.

인생은 광활한 우주의 한 점과도 같이 시공간의 흐름 속에 걸쳐진 좌표이다. 밤하늘에 흐르는 한줄기 유성은 누구의 손짓인가? 눈동자에 비쳐진 한줄기 빛은 고향으로 돌아가야 할 바람꽃이다.

텅 빔 속에 바람꽃이 피어나니 그리움은 이미 그리움이 아니다. 허공에 펼쳐진 바람꽃에서 고향의 그림자를 느끼고 친구의 속삭임을 들을 수 있다면 외로움은 이미 외로움이 아닌 것이다.

더 가까이

올림픽 제전이 세계화합이라는 본래의 의미보다 인간육체를 실험대에 올려놓고 기록 경쟁을 벌리는 게임의 장으로 변하였다. 더 높이 더 빨리 더 멀리를 슬로건으로 내세우고 벌어지는 육체적인 한계의 끝은 과연 어디까지인가? 자칫 육체를 우상화하는 흥행의 제전으로 전락한 것은 아닌가? 온갖 종류의 스포츠 경기에서 열광하는 경쟁심을 다스릴 수 있는 정신적인 진화의 발걸음은 어디쯤 와 있는가? 작금의 세태에 대하여 역설적으로 더 낮게 더 천천히 더 가까이가 삶의 실천 방향으로 제시되고 있다.

이러한 실천 방향은 더 많은 것을 추구하고 그러기 위하여 더 바쁘게 살아야 하는 현대인의 맹목적인 삶을 되돌아보게 한다. 대중의 선동과 유행의 흐름에 편승하여 한 방향으로 치달리는 맹목적인 삶을 되돌아보고 인간과 인간, 인간과 자연 사이에 이뤄진 본래의 관계를 회복시킬 필요가 있는 것이다. 인간은 자연의 소리에 귀를 기울이고 자기로부터 확장되어 나가는 가운데 자연과 하나가 될 수 있다. 자연과 하나 됨은 자신의 껍질을 벗는 것이며 침묵 속에서 바람꽃으로 피어나는 것이다.

침묵은 고요 속에 흐르는 자연의 리듬이자 거룩함이다.

끝없이 높기만 한 욕망의 기준을 더 낮게 자족하고 바쁘게 달리기만 하는 일상의 흐름을 더 천천히 되돌아보고 멀리서만 찾으려는 행복을 더 가까이에서 느낀다면 진정 그렇게 자족하고 되돌아보고 느낄 수 있다면 왜곡된 자아는 회복되고 지극한 삶을 이룰 수 있으리라.

가깝고도 먼 길

지하철에 주말 행락객이 분빈다. 전철에 육십대 남자와 사십대 여자가 앉아 있다. 포마드 기름으로 머리를 매끈하게 빗어 넘기고 검정 가방을

든 육십대 남자는 날카로운 눈매를 번득이며 사십대 여자에게 훈계하듯이 무엇인가 말하고 있다. 그때마다 여자는 상체를 앞뒤로 흔들며 연신 불안한 듯 미간을 찌푸린다. 여자는 불편한 심신을 추스르려는 듯 눈을 감았다, 떴다 하면서 이상한 손놀림을 하며 불안한 표정이다.

남자는 여자에게 하나님의 딸을 누가 감히 햇꼬지 하겠느냐고 툭툭 여자를 건드리면서 설교하듯이 어른다. 그래도 여자는 연신 불안한 눈빛이다. 남자는 그런 여자의 얼빠진 표정을 하나도 놓치지 않고 읽으면서 대화 사이사이로 갈고리 눈매를 번뜩인다.

남자는 먹이를 어떻게 요리할지 이미 머리 속에 구상이 끝난 듯이 고압적이면서도 여유 있는 태도로 실눈을 가늘게 뜨고 주위 동정을 살핀다. 허약한 심기로 흔들리는 여자, 그 영혼을 구제하겠노라고 충동질하는 포마드기름 머리의 남자, 여자는 먹이가 되어 잡혀 먹힐지라도 우선 당장 심신이 괴로우니 어쩔 수 없다는 표정이고 남자는 먹이를 앞에 놓고 잡아먹기 전에 마지막 마무리를 어떻게 할지 궁리한다.

먹이가 하나님이고 하나님이 먹이가 되어 잡아먹고 잡아먹히려는 생존게임을 남녀 간에 벌리고 있다.

어느덧 전철이 역에 도착하자 많은 행락객이 쏟아져 내린다.

산행을 시작한지 몇 시간쯤 지나 정상에 이를수록 길은 가파르고 코앞에 보이는 정상이 멀기만 하다. 정상에 가까워질수록 꼭대기의 흰 바위가 위용을 드리우고 개미같이 기어오르는 등산객들을 말없이 굽어보고 있다.

마지막 정상은 화강암 바위로 급경사를 이루고 있어서 가까이 다가갈수록 멀어지는 느낌이다. 다리근육에 무리가 느껴지지만 모두 오르는 정상을 놔두고 되돌아온다는 것은 패배감을 안겨줄 것만 같아 기를 쓰고 오른다.

인생이란 이와 같다. 막상 정상에 오르고 나면 다시 내려와야 하는 것이지만 한번 출발한 것이니 남들이 다 가보는 정상에 나도 한번 가보고 싶은 것이 인생이다.

정상에 오르고 나면 다시 내려와야 하거늘 정상에 이르기 전에는 무조건 정상을 향해 나가는 것이다. 마지막 정상에 이르는 코스는 바위투성이에 가파른 경사를 이루고 있어 가깝게 보이지만 막상 쉽게 정상을 드러내주지 않는 것이 산이다.

그래도 산은 아름답다. 아직 남아 있은 붉은 단풍이 가을하늘 드높은 쪽빛과 대조를 이루며 마지막 지는 가을을 불태우고 있다.

도심의 거리에서는 쉽사리 양보하지 않을 각박한 인심도 산에서 만큼은 너그러워지는 것인지 가파른 정상에 이르는 좁은 길목을 오르려는 사람들과 내려가는 사람들 간에 서로 양보하고 기다려주는 아량을 베푼다. 산은 사람들의 마음을 여유롭게 해주는 힘을 가지고 있다. 지자는 물을 좋아하고 인자는 산을 좋아한다는 말이 이를 두고 하는 말이다.

전철에서 보았던 남녀도 하나님과 먹이를 사이에 두고 올라갔다가 내려와야 하는 인생을, 피었다가 지는 바람꽃을 생각하며 어느 정거장에서 내렸을 것이다.

천지간에 바람 아닌 것이 없으니 모든 것은 바람으로 와서 바람으로 돌아가리라.

정상을 향하여, 도봉산에서

행복 1

나는 계단 위로 올라가고
너는 계단 아래로 내려온다.

너와 나 사이에
얼마나 침묵이 흘렀을까?

행복의 성을 찾아
안개 속 꿈길을 헤매려니

네가 가리키는 거기에
이미 내가 있었구나.

행복 2

분별없는 욕망이 사라지던 날
눈부신 햇살처럼 나르리라.

낯선 모습이 잔잔한 미소되어
삶 저편너머 바람이 되기까지

나의 껍질과 텅 빈 죽음을
하루에서 한생으로 반추하며

사라질 수 있어 행복하려니
바람꽃 향기가 그윽하구나.

평상심

나를 벗으니
만물이 새롭고

차 향기에
하루가 그윽하다

평상심에
생사는 간데없고

잔잔한 미소는
바람이어라

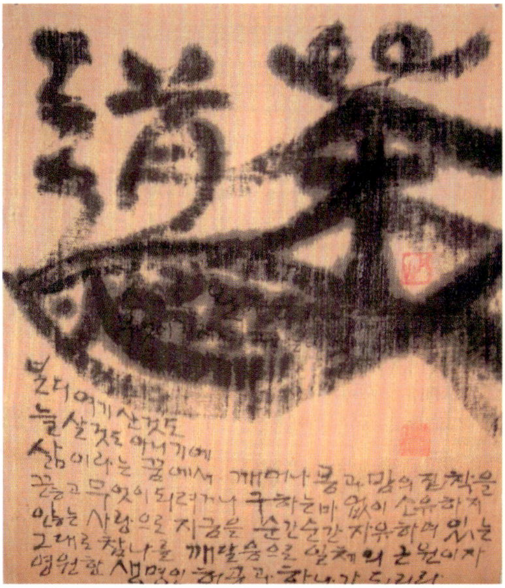

다도, 황포에 묵필

바람꽃이 남기고간…

새벽마다 이뤄지는 첫 만남은 간밤에 꿈속에 누워있던 육체와 마주하는 것이다. 이완된 육체의 마디마다 생기를 풀무질하며 오늘 기쁜 일이 있을 거야, 좋은 친구를 만날 수도 있겠지 하며 기다림 속에 하루는 시작되고...

인연이란 바람처럼 찾아와서 바람처럼 떠나는 것이 아니던가? 시작은 언제나 끝이었으니. 살아있다는 것은 무엇인가? 허공에 한 송이 꽃을 피울 수 있기에 향기로운 것이 아니던가?

언덕아래 강물이 흐르고 먼 하늘에 해와 새가 꽃 무리를 이루며 비상한다.

퇴바랜 얼굴에 분바른들 어찌 새아씨가 되살아올까?

하여도 하늘은 언제나 열려 있고 강물은 지금도 흐르고 있나니 가히 바람의 향기를 느낄 수 있다면 그것만으로도 더없는 행복이다.

모든 일에 아쉬움은 남게 마련인가? 단상으로 엮어진 바람꽃을 하나의 스토리로 엮어서 천지간에 자유롭게 살아가는 이 시대의 진정한 영웅을 그리고 싶다.

천지간에 바람 아닌 것이 어디 있는가? 때로는 시가 되고 때로는 그림이 되어 바람꽃이 남기고간 허허로운 여백에 누군가 뒤에 오는 이의 아름다운 춤사위가 펼쳐지기를...

바람꽃

초판 제 1쇄 발행 | 2007년 1월 5일

글그림 | 강 재 원
이메일 | jwkang347@yahoo.com

펴낸곳 | 인사동문화
펴낸이 | 원 일 재
등록 | 제300-2001-177호
주소 | 서울특별시 종로구 낙원동 19번지
전화 | (02)745-0283,4
FAX | (02)766-9540
홈페이지 | www.goinsadong.com

보급처 | 이화문화출판사
전화 | (02)738-9881
FAX | (02)766-9540

ISBN 89-90712-31-9
값 12,000원